Maladies à virus et affections similaires de la vigne

Virosen und virusähnliche Krankheiten der Rebe

Virus and Virus-like Diseases of Grapevines

Maquette: Denis Barbey
Couverture: Studio Pérusset Lausanne
Photolithos: Cromoarte Barcelone
Photocomposition: Atelier EP Lausanne
Impression: Imprimeries Réunies Lausanne
Reliure: Maurice Busenhart Lausanne

René Bovey   Wilhelm Gärtel   William B. Hewitt   Giovanni P. Martelli   André Vuittenez

Maladies à virus et affections similaires de la vigne
ATLAS EN COULEURS DES SYMPTÔMES

Virosen und virusähnliche Krankheiten der Rebe
FARBATLAS DER SYMPTOME

Virus and Virus-like Diseases of Grapevines
COLOUR ATLAS OF SYMPTOMS

Editions Payot Lausanne   La Maison Rustique Paris   Verlag Eugen Ulmer Stuttgart

Adresses des auteurs

Adressen der Autoren

Authors' Adresses

R. Bovey, Station fédérale de recherches agronomiques de Changins, CH-1260 Nyon, Suisse.

W. Gärtel, Institut für Pflanzenschutz im Weinbau, Brüningstrasse 84, D-5550 Bernkastel-Kues, Bundesrepublik Deutschland.

Wm. B. Hewitt, Department of Plant Pathology, University of California, Davis, California 95616 USA.

G. P. Martelli, Istituto di Patologia Vegetale, Via Amendola 165/A, I-70126 Bari, Italia.

A. Vuittenez, Station de Pathologie Végétale INRA, 28 Rue de Herrlisheim, B.P. 507, F-68021 Colmar, France.

© 1980 **Editions Payot Lausanne – La Maison Rustique Paris – Verlag Eugen Ulmer Stuttgart**

ISBN 2-601-00034-1 Payot Lausanne
ISBN 2-7066-0116-7 Maison Rustique Paris.
ISBN 3-8001-5700-4 Eugen Ulmer Stuttgart.

Avant-propos

Ce livre a été réalisé pour répondre à un vœu exprimé par plusieurs membres du Groupe international d'étude sur les virus et les maladies à virus de la vigne (ICVG), désireux de disposer d'une documentation en couleurs sur les symptômes des viroses et des maladies similaires de la vigne, ainsi que ceux d'autres affections ou dégâts pouvant être confondus avec des viroses.

Une partie importante du travail de préparation de cet ouvrage a été faite à la Station fédérale de recherches agronomiques de Changins/Nyon, en Suisse. Nous exprimons notre gratitude à M. M. Rochaix, directeur, d'avoir permis et suivi avec intérêt sa réalisation.

La plupart des illustrations de ce livre proviennent des collections des auteurs. Nous remercions quelques collègues de divers pays qui nous ont aimablement fourni des documents photographiques ou des renseignements pour la préparation du texte:

A. Caudwell, Station de Physiopathologie végétale INRA, Boîte vaguemestre N° 1540, 21034, Dijon Cedex, France.

H. Dias, Research Station, Vineland Station, Ontario, Canada LOR 2EO.

A. C. Goheen, Agricultural Research Service U.S.D.A., Department of Plant Pathology, University of California, Davis, California 95616, USA.

A. R. Harris, Victorian Plant Research Institute, Swan Street, Burnley, Victoria 3121, Australie.

J. Lehoczky, Research Institute for Plant Protection, 1525 Budapest, P.O. Box 102, Hongrie.

C. G. Panagopoulos, Institut Phytopathologique Benaki, Kiphissia-Athènes, Grèce.

U. Prota, Istituto di Patologia Vegetale, Via E. De Nicola, Sassari, Italie.

D. C. Ramsdell, Department of Botany and Plant Pathology, Michigan State University, East Lansing, Michigan 48823, USA.

J. K. Uyemoto, Department of Plant Pathology, Kansas State University, Manhattan, Kansas 66506, USA.

G. Vanek, Institut de recherches viti-vinicoles, Matúškova 21, Bratislava, Tchécoslovaquie.

R. C. Woodham, C.S.I.R.O., Horticultural Research Institute, Merbein, Australie.

M. Baggiolini, M. Baillod, A. Bolay, J. J. Brugger, O. Cazelles, P. Grandchamp et G. Neury, Station fédérale de recherches agronomiques de Changins, 1260 Nyon, Suisse.

Enfin, nous exprimons notre gratitude aux collaborateurs des Editions Payot à Lausanne pour le soin qu'ils ont apporté à la réalisation de cet ouvrage.

Les auteurs

Vorwort

Dieses Buch entstand auf Anregung mehrerer Mitglieder der Internationalen Gruppe für das Studium der Viren und Viruskrankheiten der Rebe (ICVG). Angestrebt wurde eine Dokumentation in Farbe über die Symptome der Virosen der Rebe sowie der virusähnlichen Krankheiten und Schädigungen, mit denen sie verwechselt werden könnten.

Ein wichtiger Teil der vorbereitenden Arbeiten wurde an der Eidgenössischen landwirtschaftlichen Forschungsanstalt von Changins/Nyon, Schweiz durchgeführt. Dem Direktor, Herrn M. Rochaix, danken die Autoren auch auf diesem Wege für sein wohlwollendes Interesse an der Verwirklichung des Vorhabens.

Die meisten Abbildungen dieses Buches stammen aus den Sammlungen der Autoren. Gedankt sei auch einigen Kollegen aus verschiedenen Ländern, die Farbfotos bereitstellten oder Hinweise zur Gestaltung des Textes gaben:

A. Caudwell, Station de Physiopathologie végétale INRA, Boîte vaguemestre N° 1540, 21034, Dijon Cedex, Frankreich.

H. Dias: Research Station, Vineland Station, Ontario, Canada LOR 2EO.

A. C. Goheen, Agricultural Research Service U.S.D.A., Department of Plant Pathology, University of California, Davis, California 95616, USA.

A. R. Harris, Victorian Plant Research Institute, Swan Street, Burnley, Victoria 3121, Australien.

J. Lehoczky, Forschungsinstitut für Pflanzenschutz, 1525 Budapest, P.O. Box 102, Ungarn.

C. G. Panagopoulos, Phytopathologisches Institut Benaki, Kiphissia-Athen, Griechenland.

U. Prota, Istituto di Patologia Vegetale, Via E. De Nicola, Sassari, Italien.

D. C. Ramsdell, Department of Botany and Plant Pathology, Michigan State University, East Lansing, Michigan 48823, USA.

J. K. Uyemoto, Department of Plant Pathology, Kansas State University, Manhattan, Kansas 66506, USA.

G. Vanek, Výskumný Ústav Vinohradnícky a Vinársky, Matúskova 21, Bratislava, Tschechoslowakei.

R. C. Woodham, C.S.I.R.O., Horticultural Research Institute, Merbein, Australien.

M. Baggiolini, M. Baillod, A. Bolay, J. J. Brugger, O. Cazelles, P. Grandchamp und G. Neury, Eidgenössische landwirtschaftliche Forschungsanstalt Changins, 1260 Nyon, Schweiz.

Dank gebührt auch den Mitarbeitern des Verlags Payot für die sorgfältige Ausstattung des Werks.

Die Autoren

6

Foreword

This book is the culmination of the wishes expressed by many members of the International Council for the Study of Viruses and Virus Diseases of the Grapevine (ICVG) for a handbook of colour photographs of symptoms of virus and virus-like diseases of the grapevine and also those of other causes that may be confused with viroses.

A large part of the work in the preparation of this book was done at the Federal Agricultural Research Station of Changins/Nyon, Switzerland. We express our gratitude to Mr. M. Rochaix, Director, for permission to do this work at the Station and for his continued interest and encouragement.

Most of the illustrations originate from the collections of the authors. We thank very much the following colleagues who provided additional photographs and/or information used in the preparation of this book:

A. Caudwell, Station de Physiopathologie végétale INRA, Boîte vaguemestre No. 1540, 21034, Dijon Cedex, France.

H. Dias, Research Station, Vineland Station, Ontario, Canada LOR 2EO.

A. C. Goheen, Agricultural Research Service U.S.D.A., Department of Plant Pathology, University of California, Davis, California 95616, USA.

A. R. Harris, Victorian Plant Research Institute, Swan Street, Burnley, Victoria 3121, Australia.

J. Lehoczky, Research Institute for Plant Protection, 1525 Budapest, P.O. Box 102, Hungary.

C. G. Panagopoulos, Phytopathological Institute Benaki, Kiphissia-Athens, Greece.

U. Prota, Istituto di Patologia Vegetale, Via E. De Nicola, Sassari, Italy.

D. C. Ramsdell, Department of Botany and Plant Pathology, Michigan State University, East Lansing, Michigan 48823, USA.

J. K. Uyemoto, Department of Plant Pathology, Kansas State University, Manhattan, Kansas 66506, USA.

G. Vanek, Vine and Wine Research Institute, Matúskova 21, Bratislava, Czecho-slovakia.

R. C. Woodham, C.S.I.R.O., Horticultural Research Institute, Merbein, Australia.

M. Baggiolini, M. Baillod, A. Bolay, J. J. Brugger, O. Cazelles, P. Grandchamp and G. Neury, Federal Agricultural Research Station of Changins, 1260 Nyon, Switzerland.

Lastly, we express our gratitude to the editors of Editions Payot of Lausanne who assisted in the work on this book for their thoughtful care in its completion.

The authors

Introduction

Deutscher Text, siehe S. 27
English text see p. 45

Une vingtaine de virus ont été isolés à partir de vignes infectées et ont pu être étudiés et déterminés. En revanche, les agents pathogènes d'une dizaine de maladies de la vigne, que l'on suppose être des viroses, n'ont pas encore été isolés. Pour des raisons pratiques, nous utiliserons aussi le terme de virus pour désigner ces agents. Enfin, quelques maladies de la vigne, autrefois considérées comme des maladies à virus, sont maintenant attribuées à des microorganismes procaryotes de type mycoplasme ou *Rickettsia*.

Un certain nombre de virus, par exemple ceux du court-noué et de l'enroulement, causent des pertes importantes de récolte ou diminuent la qualité des grappes. Ils sont largement répandus dans tous les vignobles du monde.

Quelques virus peuvent causer de graves dégâts localement, mais ne présentent guère d'importance économique en raison de leur faible extension géographique.

Plusieurs virus sont très répandus mais peu ou pas pathogènes chez la plupart des variétés de vigne. Ils peuvent être décelés par des tests spécifiques. Leur importance économique n'a pas été déterminée de façon précise.

Enfin, certains virus déjà connus chez d'autres plantes hôtes, comme ceux de la mosaïque ou de la nécrose du tabac, du nanisme buissonneux de la tomate et de la mosaïque du chénopode, ont été trouvés occasionnellement chez la vigne, où ils sont latents. Leur pathogénicité pour la vigne n'est pas connue et leur importance économique est probablement négligeable.

La plupart des virus de la vigne peuvent être décelés par des tests spécifiques. Leur détection est pour une large part basée sur les symptômes produits soit sur la variété elle-même, soit sur une autre variété ou espèce plus sensible de *Vitis*, que l'on nomme *plante-test* ou *indicateur*. Les virus sont transmis par greffe à la plante-test de vigne. Quelques virus peuvent être transmis par inoculation mécanique à des plantes herbacées. Ainsi, le virus du court-noué peut être inoculé à *Chenopodium quinoa*, *Gomphrena globosa* et plusieurs autres hôtes herbacés, chez lesquels il produit en quelques jours des symptômes spécifiques. De plus, le virus peut être identifié par sérologie, à partir du jus des plantes hôtes herbacées. Les méthodes sérologiques les plus sensibles permettent même de déceler et d'identifier certains virus directement dans des extraits de tissus de vignes infectées.

Une bonne connaissance des symptômes produits par les virus et par d'autres agents pathogènes semblables aux virus chez les variétés de vigne et les porte-greffe est indispensable à quiconque désire entreprendre un travail de sélection sanitaire en viticulture. Il est également important de connaître les symptômes d'autres maladies, de dégâts de ravageurs, de carences alimentaires et d'autres anomalies, qui peuvent être confondus avec ceux des maladies à virus.

Ce livre contient une brève description des principaux symptômes qui caractérisent les maladies à virus et à microorganismes de type mycoplasme ou *Rickettsia* pouvant affecter la vigne. Il attire en outre l'attention sur certaines difficultés de diagnostic que l'on peut rencontrer avec des symptômes produits par d'autres causes.

Les principales maladies à virus de la vigne

Les virus susceptibles d'infecter la vigne peuvent être classés en quatre groupes selon leur mode de transmission.

Le premier groupe contient des virus transmis par des nématodes vivant dans le sol.[1-47]*
Le plus important d'entre eux est le virus du court-noué de la vigne. Ce groupe est appelé groupe des Népovirus (NE pour nématode, PO pour polyédrique, en raison de la forme des particules). Les Népovirus peuvent être transmis à des plantes herbacées par inoculation mécanique, et peuvent être décelés et identifiés par sérologie. Pour la plupart d'entre eux, les nématodes vecteurs sont connus et appartiennent aux genres *Xiphinema* et *Longidorus*.

Le deuxième groupe comprend deux virus transmis par des champignons du sol. Leur importance économique est très faible.

Le troisième groupe comprend deux virus transmis par des pucerons, le virus de la mosaïque de la luzerne[52-53] et le virus du flétrissement de la fève. Leur importance économique n'a pas encore pu être déterminée pour la vigne, mais elle n'est probablement pas considérable.

Le quatrième groupe se compose de virus dont le mode de transmission n'est pas connu. Dans la plupart des cas, le virus lui-même n'a pas été isolé et ses propriétés ne sont pas connues.

Le tableau I (p. 162) résume les principales propriétés des virus et des maladies à virus de la vigne. Nous donnons ci-dessous une description des viroses les plus importantes.

1. VIRUS TRANSMIS PAR DES NÉMATODES DU SOL (NÉPOVIRUS)[1-47]

Ces virus ont des particules polyédriques d'environ 30 nm de diamètre (1 nm = 1 nanomètre = 1 / 1 000 000 mm). Les nématodes vecteurs acquièrent le virus en se nourrissant sur les racines de vignes malades. Les racines laissées dans le sol après l'arrachage de vignes infectées peuvent rester vivantes durant de longues périodes et constituent des sources de contamination pour les vecteurs, prolongeant ainsi la durée d'infectivité du sol. Les nématodes vecteurs peuvent rester infectieux pendant plusieurs mois. Ils maintiennent le virus dans le sol et assurent sa dissémination lente de vigne à vigne en élargissant les foyers, qui ont souvent une forme circulaire. Des vecteurs infectieux peuvent être disséminés avec des plants racinés provenant de pépinières contaminées, et par les eaux d'irrigation ou lors d'inondations. Beaucoup de Népovirus peuvent infecter diverses espèces de mauvaises herbes, et quelques-uns d'entre eux sont transmis par leurs graines, propageant l'infection vers de nouvelles zones.

---

* Les numéros renvoient aux illustrations en couleurs (pages 64-159).

La dissémination des Népovirus sur de longues distances se produit lors du transport de plants racinés, de greffons ou de porte-greffe provenant de vignes infectées.

Virus du court-noué de la vigne (Grapevine fanleaf virus) [1-31]

Répandu dans le monde entier, le virus du court-noué est le plus important des virus de la vigne. Il peut infecter aussi bien les porte-greffe que les cépages issus des espèces de *Vitis* d'Amérique du Nord ou de *Vitis vinifera* ainsi que les hybrides.

Le virus du court-noué agit à la fois sur le rendement et sur la longévité des ceps. Les symptômes et leur gravité varient selon les souches de virus présentes dans la plante. L'infection peut produire une destruction rapide des ceps atteints, ou un dépérissement lent s'étendant sur plusieurs années.

On distingue les symptômes suivants:

Sur les sarments: doubles nœuds,[13] entre-nœuds courts,[13] bifurcations anormales,[13] fasciations,[12,13] croissance en zigzag. Notons toutefois que ces symptômes ne sont pas spécifiques du court-noué. Ils peuvent être produits par d'autres virus du groupe des Népovirus, par des virus non compris parmi les Népovirus (par exemple le virus du Joannes-Seyve) et par plusieurs autres causes. En outre, des fasciations, des doubles nœuds et des entre-nœuds courts peuvent être observés chez des vignes tout à fait saines. Chez plusieurs cépages de *Vitis vinifera*, la présence relativement fréquente d'entre-nœuds courts et de doubles nœuds est un caractère génétique de la variété (Ugni blanc, Riesling, Pinot, etc.).

Sur les feuilles: déformations diverses, sinus pétiolaire élargi, nervures primaires rapprochées donnant à la feuille l'aspect d'un éventail à demi fermé (d'où l'origine du terme anglais «fanleaf»), limbe souvent asymétrique avec dentelure acérée, nervation irrégulière et divers types de marbrures chlorotiques.[1-9,11]

Les panachures produites par le virus du court-noué se manifestent sous diverses formes: panachure réticulée,[25,27,28] avec décoloration du limbe le long des nervures, formant un réseau de couleur jaune ou blanchâtre sur le fond vert; panachure ordinaire, à taches jaunes de forme irrégulière disséminées sur le limbe,[16,19-24] parfois larges, parfois très petites; ou encore jaunissement total du limbe.[17,18] En général, les infections avec panachure provoquent peu de déformations des feuilles. Les vignes infectées récemment présentent des symptômes primaires typiques: taches, lignes irrégulières et anneaux chlorotiques.[10] Des symptômes foliaires semblables à ceux du court-noué peuvent être produits par d'autres virus.

Sur les grappes: les grappes sont moins nombreuses et plus petites que chez les plantes saines. La coulure et le millerandage (baies partiellement développées et dépourvues de graines) sont fréquents. Ce sont d'importants symptômes du court-noué et d'autres viroses provoquées par des Népovirus,[33,40] mais ils ne sont pas spécifiques.

Sur les racines: les racines des plantes infectées sont moins développées que celles des plantes saines.

Symptômes internes: l'examen de coupes effectuées dans des sarments de vignes infectées révèle la présence de cordons endocellulaires (ou cordons endovasculaires).[14,15] Ceux-ci sont plus abondants dans les entre-nœuds de la base des sarments, et sont facilement observés dans les vaisseaux du bois. Ils apparaissent sous forme de filaments disposés radialement. Leur présence est utile pour le diagnostic, surtout chez les porte-greffe américains, mais leur absence n'est pas une preuve de l'absence de virus.

Le virus du court-noué est transmis par *Xiphinema index* et *Xiphinema italiae*.

Il a été transmis expérimentalement par les graines de quelques-unes des plantes herbacées utilisées comme plantes-tests, mais on n'a pas constaté jusqu'à maintenant d'infection naturelle des mauvaises herbes dans le vignoble. Ce virus n'est pas transmis par les graines de vigne.

Le traitement des vignes infectées durant 4 à 6 semaines à une température de 37-38° C est suffisant pour éliminer le virus.

Virus de la mosaïque de l'arabette (Arabis mosaic virus)[32-35]

Le virus de la mosaïque de l'arabette est apparenté sérologiquement au virus du court-noué. Il a été trouvé sur vigne en Allemagne fédérale, en France, en Suisse, en Bulgarie, en Yougoslavie, en Hongrie et au Japon. Les symptômes sont semblables à ceux du virus du court-noué, et l'on observe parfois des infections mixtes avec ce dernier virus. Le virus de la mosaïque de l'arabette peut infecter de nombreuses plantes ligneuses et herbacées, auxquelles il peut être transmis par *Xiphinema diversicaudatum*, *Xiphinema coxi* et *Longidorus caespiticola*. Il est démontré que *Xiphinema diversicaudatum* peut transmettre le virus à la vigne, et que *Xiphinema index* n'est pas vecteur.

Virus des anneaux noirs de la tomate (Tomato black ring virus)[36]

Trouvé sur la vigne en Allemagne fédérale seulement, ce virus réduit la croissance, et produit une marbrure des feuilles âgées avec un jaunissement des bords du limbe. Lors d'infections récentes, on observe des anneaux et des dessins chlorotiques. En pépinière, les porte-greffe infectés présentent un taux anormalement élevé d'échecs au greffage. Le nématode *Longidorus attenuatus* peut transmettre le virus à la vigne.

Virus des taches annulaires du framboisier (Raspberry ringspot virus)[37]

Ce virus a été signalé sur vigne en Allemagne fédérale. Ses symptômes présentent beaucoup d'analogies avec ceux du court-noué. *Longidorus macrosoma*, nématode connu comme étant l'un des vecteurs de ce virus chez d'autres plantes, a été trouvé dans des vignes infectées, mais la preuve expérimentale de sa capacité de transmettre le virus des taches annulaires du framboisier à la vigne n'a pas été apportée.

Virus latent des taches annulaires du fraisier (Strawberry latent ringspot virus)[38]

Ce virus a été isolé à partir de vignes d'Allemagne fédérale (Palatinat). Chez les variétés atteintes (Sylvaner et autres *Vitis vinifera*) les symptômes étaient de type «feuilles en palmettes», à sinus pétiolaire très ouvert, comme dans le cas du virus du court-noué. L'importance des dégâts et la fréquence du virus dans le vignoble ne sont pas connus.

Virus des taches annulaires de la tomate, jaunissement des nervures de la vigne (Tomato ringspot virus, grapevine yellow vein)[40-45]

Une souche de ce virus a été trouvée en Californie, causant la maladie du jaunissement des nervures (yellow vein). D'autres souches ont été mises en évidence dans l'Etat de New York aux USA et dans l'Ontario, au Canada.

Voici les principaux symptômes:

En Californie (yellow vein): petites taches formant une moucheture sur les feuilles, surtout le long des nervures, d'abord jaunes au printemps, puis de couleur crème à blanchâtre en été.[41,42] Coulure et millerandage[40] comme dans le cas du court-noué. Production faible ou nulle.

Dans l'Etat de New York: rabougrissement des ceps, feuilles petites et irrégulières, parfois en forme d'éventail, taches chlorotiques sur les jeunes feuilles, coulure et faible production.[43]

Dans l'Ontario: le virus des taches annulaires de la tomate provoque chez la variété De Chaunac (Seibel 9549) le développement de sarments court-noués avec formation de rosettes, le jaunissement et l'enroulement des feuilles, ainsi qu'un fort rabougrissement des ceps.[44,45] La récolte est fortement réduite.

Le vecteur du virus des taches annulaires de la tomate est *Xiphinema americanum*. Toutefois, la preuve que ce nématode peut transmettre le virus de vigne à vigne n'a pas été donnée expérimentalement.

Virus des taches annulaires du tabac (Tobacco ringspot virus)

Ce virus a été trouvé chez la vigne dans le nord-est du continent nord-américain. Les symptômes sont semblables à ceux du virus des taches annulaires de la tomate. Le vecteur du virus des taches annulaires du tabac est *Xiphinema americanum*, mais le rôle de ce nématode dans la transmission du virus à la vigne n'est pas prouvé.

Virus de la mosaïque à rosettes du pêcher (Peach rosette mosaic virus)

Ce virus du pêcher infecte aussi la variété de vigne Concord (*Vitis labrusca*) dans l'Etat du Michigan, USA, et dans le sud-ouest de l'Ontario, au Canada. Les vignobles atteints sont surtout ceux qui ont été plantés dans des sols précédemment occupés par des pêchers infectés, mais la maladie peut aussi se déclarer dans des terrains plantés en vigne après jachère. En effet, le virus a été trouvé dans les racines de certaines mauvaises herbes: *Solanum carolinense*, *Rumex crispus* et *Taraxacum officinale* (pissen-lit). Il est transmis par les graines de pissenlit et de vigne.
Les bourgeons des vignes infectées débourrent 2 à 3 semaines plus tard que ceux des plantes saines. Les feuilles sont souvent asymétriques et légèrement marbrées. Les grappes sont lâches et beaucoup de baies tombent prématurément. La croissance des sarments est généralement faible et les entre-nœuds sont courts et déformés.
Le virus est transmis au pêcher et à la vigne par *Xiphinema americanum*.

Virus de la mosaïque jaune chrome de la vigne (Grapevine chrome mosaic virus)[46,47]

La mosaïque jaune chrome de la vigne se rencontre en Hongrie, dans la région du Lac Balaton. Elle est caractérisée par des décolorations jaune vif ou blanchâtres des feuilles, une perte de vigueur, des entre-nœuds courts et des doubles nœuds, des cordons endocellulaires. Certaines souches du virus produisent des déformations des feuilles et une marbrure chlorotique. D'autres souches infectent la vigne de façon latente. Un virus à particules polyédriques a été isolé à partir de vignes atteintes. Il a les propriétés typiques d'un Népovirus, et présente une parenté sérologique éloignée avec le virus des anneaux noirs de la tomate (Tomato black ring virus). Le vecteur de la mosaïque jaune chrome n'est pas connu de façon certaine, mais la maladie, qui forme des foyers dans les vignobles, est apparemment transmise par le sol.

Virus latent italien de l'artichaut (Artichoke Italian latent virus)

Ce virus n'a été trouvé jusqu'à maintenant qu'une seule fois chez la vigne, en Bulgarie. Il est commun dans le sud de l'Italie où il infecte plusieurs plantes maraîchères ou ornementales, ainsi que des mauvaises herbes. Il est transmis par *Longidorus apulus*.

Virus latent bulgare de la vigne (Grapevine Bulgarian latent virus)

Ce virus est largement répandu en Bulgarie, où il infecte plusieurs variétés sans produire de symptômes. Il est transmissible à plusieurs plantes hôtes herbacées par inoculation mécanique. Les particules ont un diamètre d'environ 26 nm. Le vecteur n'est pas connu.
Des virus apparentés sérologiquement au virus latent bulgare ont été décelés chez la vigne au Portugal et dans l'Etat de New York (USA).
En raison de ses propriétés, le virus latent bulgare de la vigne peut être considéré comme appartenant probablement au groupe des Népovirus.

Maladie des énations de la vigne (Grapevine enation)[48-50]

La maladie des énations de la vigne a été signalée dans les pays suivants: Italie, Allemagne fédérale, France, Espagne, Hongrie, Tchécoslovaquie, Bulgarie, Grèce, Turquie, URSS, USA (Californie), Venezuela, Afrique du Sud, Nouvelle Zélande et Australie. Elle peut apparaître chez plusieurs variétés de *Vitis vinifera* et sur des porte-greffe américains. Les bourgeons débourrent tardivement au printemps, et les pousses se développent lentement, donnant à la plante une apparence touffue. Plus tard, on assiste à une reprise de la croissance et le feuillage reprend un aspect normal. Les énations se développent surtout à la face inférieure du limbe, sur les feuilles de la base des sarments.[48,49] Ce sont des excroissances foliacées de formes diverses, mesurant 2 à 3 mm de hauteur et 3 à 5 mm de longueur, parfois même plus longues, et qui sont plus ou moins parallèles aux nervures principales. Les feuilles portant des énations sont souvent malformées, prenant l'aspect d'un éventail avec de profondes découpures. Les feuilles les plus atteintes tombent prématurément. On observe des doubles nœuds et des entre-nœuds très courts, à la base des sarments. L'écorce de la partie inférieure des pousses est souvent fissurée longitudinalement entre les nœuds.
Le virus du court-noué est fréquemment associé à la maladie des énations et plusieurs auteurs considèrent même que la formation d'énations n'est que l'expression d'une souche particulièrement virulente de ce virus. Toutefois, on signale plusieurs cas où aucun virus transmissible par inoculation mécanique n'a pu être mis en évidence dans des vignes présentant des énations.

2. VIRUS TRANSMISSIBLES PAR DES CHAMPIGNONS DU SOL

Le virus de la nécrose du tabac (tobacco necrosis virus) a été décelé dans la vigne en Afrique du Sud et le virus du nanisme buissonneux de la tomate (tomato bushy stunt virus) en Allemagne fédérale, en Italie, en Bulgarie et en Tchécoslovaquie. Leur importance économique paraît minime.

Le champignon *Olpidium brassicae*, vecteur du virus de la nécrose du tabac, est peut-être aussi un vecteur du virus du nanisme buissonneux de la tomate, mais on n'a pas prouvé expérimentalement qu'il soit capable de transmettre ces virus à la vigne.

3. VIRUS TRANSMISSIBLES PAR DES PUCERONS

Le virus de la mosaïque de la luzerne (alfalfa mosaic virus) a été trouvé chez la vigne en Allemagne fédérale, en Suisse, en Tchécoslovaquie, en Hongrie et en Bulgarie. Il produit des dessins chlorotiques sur les feuilles, formant des anneaux, des lignes et des taches de types divers.[52,53]

Le virus du flétrissement de la fève (broad bean wilt virus) a été trouvé en Bulgarie chez plusieurs variétés de vigne, produisant des symptômes de mosaïque sur les feuilles.

Dans les deux cas, les symptômes sont peu graves, mais le fait que des virus très répandus transmis par des vecteurs aériens puissent infecter la vigne revêt une importance particulière en relation avec le problème de la conservation du matériel viticole sain à l'abri des contaminations.

Les vecteurs qui transmettent ces deux virus à la vigne n'ont pas encore été déterminés.

4. VIRUS SANS VECTEUR CONNU

Ce groupe comprend quelques virus à particules connues et bien étudiées, ainsi que plusieurs maladies dont la nature virale est supposée, mais non démontrée. Nous le diviserons en deux sous-groupes.

a) VIRUS SANS VECTEUR CONNU, MAIS DONT LES PARTICULES SONT CONNUES

Virus du Joannes-Seyve (Joannes-Seyve virus)[96,97]

Ce virus produit une grave maladie chez la variété Joannes-Seyve (26-205) dans l'Ontario, au Canada. Les symptômes sont très semblables à ceux du court-noué: entre-nœuds courts, rabougrissement, feuilles marbrées avec des dessins chlorotiques et des nervures irrégulières, parfois des plages jaunes le long des nervures, limbe souvent asymétrique avec un sinus pétiolaire largement ouvert et une dentelure acérée, coulure. Le virus est transmis par inoculation mécanique à des plantes hôtes herbacées.

Il est constitué par des particules polyédriques d'environ 26 nm de diamètre. Il n'est apparenté sérologiquement à aucun des Népovirus, et ses propriétés biophysiques diffèrent de celles des Népovirus. La maladie du Joannes-Seyve a une certaine importance économique sur le plan local.

Virus de la mosaïque de Bratislava (Bratislava mosaic virus)[51]

La mosaïque de Bratislava a été observée dans le sud et le sud-est de la Tchécoslovaquie. Les symptômes sont proches de ceux de la panachure, mais moins prononcés. Les plantes atteintes souffrent peu dans leur croissance, mais leur production est très faible. Le virus, qui est constitué de particules sphériques, est transmissible à des plantes herbacées. Le vecteur n'est pas connu.

Virus de la mosaïque du chénopode et virus de la mosaïque du tabac
(Sowbane mosaic virus, tobacco mosaic virus)

Le premier de ces deux virus a été décelé dans des vignes en Allemagne fédérale et en Tchécoslovaquie, le second aux Etats-Unis (New York), en Allemagne fédérale, en Italie, en Bulgarie, en Yougoslavie et en URSS. Ils ne produisent pas de symptômes chez la vigne, et leur importance économique est probablement minime.

b) VIRUS DONT LES VECTEURS ET LES PARTICULES NE SONT PAS CONNUS

Les maladies mentionnées dans ce groupe sont causées par des agents pathogènes qui n'ont pas été isolés, ni étudiés. Leur nature virale est supposée en raison de leur transmissibilité par greffe et de la similitude de leurs symptômes avec ceux d'autres maladies à virus.

Enroulement de la vigne (Grapevine leafroll)[54-63]

L'enroulement est l'une des plus importantes maladies à virus de la vigne et la plus largement répandue dans tous les pays viticoles du monde. Toutes les variétés de vigne à fruit et les porte-greffe peuvent être infectés, mais les symptômes sont surtout visibles sur les cépages rouges de *Vitis vinifera*.
Sur les cépages rouges de *Vitis vinifera*, des taches rougeâtres apparaissent sur les feuilles de la partie inférieure des sarments.[54] Dès le début de juin ou en juillet, suivant le climat au cours de l'été, ces taches s'étendent progressivement à toute la surface du limbe, à l'exception d'une étroite bande de 2 à 3 mm qui reste verte le long des nervures primaires et secondaires.[55] Le limbe s'épaissit, devient cassant et s'enroule vers la face inférieure. Le rougissement et l'enroulement progressent vers le haut des pousses; à la fin de l'été, la majeure partie du feuillage montre ces symptômes.[56] En automne, certaines feuilles fortement atteintes présentent une brunissure, due à des nécroses de l'épiderme supérieur, comme dans le cas d'une carence en potassium.
En général, les raisins des ceps infectés mûrissent tardivement et de façon irrégulière.[61-63] Leur teneur en sucre est plus faible que celle des grappes saines, donnant une production inférieure en quantité et en qualité. La vigueur des plantes infectées est plus

faible que celle des plantes saines, et en pépinière, le taux de reprise au greffage est moindre.

Sur les cépages blancs, les symptômes ne diffèrent que par le fait que les feuilles ne présentent pas de rougissement, mais seulement un léger jaunissement.[57-60] La maladie est donc plus difficile à déceler.

Sur les porte-greffe, le virus de l'enroulement ne produit d'ordinaire aucun symptôme. Les risques de dissémination de ce virus sont donc particulièrement élevés avec les porte-greffe.

Les symptômes de l'enroulement présentent des variations considérables en raison de l'existence probable de souches plus ou moins virulentes et de l'influence du climat sur l'expression des symptômes.

Un virus filamenteux avec des propriétés typiques du groupe des Potyvirus a été isolé de vignes atteintes d'enroulement, en Israël, et l'on a émis l'hypothèse qu'il pourrait s'agir de l'agent de cette maladie. Toutefois, ces résultats n'ont pas encore été confirmés par d'autres instituts.

Le virus de l'enroulement peut être éliminé par thermothérapie.

Maladie de l'écorce liégeuse de la vigne (Grapevine corky bark)[64-69]

La maladie de l'écorce liégeuse a été observée dans les pays suivants: USA (Californie), Mexique, Brésil, France, Espagne, Suisse, Italie, Yougoslavie, Bulgarie, Afrique du Sud et Japon. Elle est probablement encore plus répandue.

Chez la plupart des cépages, le virus ne produit qu'une réduction de vigueur. Dans les conditions de la Californie, il détermine sur Palomino, Petite Sirah,[69] Mondeuse,[65] Cabernet franc et Gamay, un retard de croissance au débourrement et le dépérissement de quelques pousses. Certains sarments des plantes malades sont mous, présentent des craquelures longitudinales sur les mérithalles inférieurs et tendent à s'infléchir vers le sol. Les feuilles sont souvent plus petites que celles des plantes normales, et chez les cépages rouges, elles rougissent et s'enroulent vers le bas durant l'été. Ce rougissement atteint la totalité du limbe y compris les nervures, alors que dans le cas de l'enroulement, ces dernières restent vertes.[64,68] En automne, les feuilles des ceps atteints par la maladie de l'écorce liégeuse persistent plus longtemps que celles des plantes saines. Sur l'indicateur LN 33, on observe, en plus des symptômes mentionnés ci-dessus, une hypertrophie anormale de l'écorce dans certaines zones des sarments, avec formation de liège. L'écorce de ces zones liégeuses montre également des fissures longitudinales.[64,66,67]

L'agent de la maladie de l'écorce liégeuse n'est pas connu. Il peut être éliminé par thermothérapie.

Chlorose infectieuse et rougissement des feuilles du Pinot noir
(Infectious chlorosis and leaf reddening of Pinot noir)[70,71]

Cette maladie, qui présente des analogies avec la maladie de l'écorce liégeuse (corky bark), n'a été signalée jusqu'à maintenant qu'en France. Elle s'est manifestée sur du Pinot noir inoculé par greffe à partir de vignes (Cinsaut droit) qui ne présentaient aucun signe de maladie.

On observe une forte réduction de croissance. Les feuilles sont d'abord chlorotiques en été, puis deviennent rouge violacé en automne. Cette coloration pourpre s'étend à tout le limbe, y compris les nervures, comme avec la maladie de l'écorce liégeuse, mais à l'inverse de cette maladie, les feuilles tombent prématurément en automne. Les bois de deux ans ou plus présentent des renflements et des fissurations de l'écorce, produisant une sorte de décortication annulaire qui les rend très cassants. Les raisins mûrissent plus tôt que sur les plantes saines, et la récolte est très faible.

Bois strié de la vigne (Grapevine stem pitting, legno riccio)[72-82]

La maladie du bois strié de la vigne a été observée dans les pays suivants: Italie, France, Suisse, Espagne, Portugal, Yougoslavie, Hongrie, Bulgarie, Roumanie, Tchécoslovaquie, URSS, Grèce, Israël, Jordanie, Afrique du Sud, USA et Venezuela. Elle est probablement présente dans la plupart des pays viticoles du monde. Les dégâts qu'elle produit peuvent être plus ou moins graves.

Dans la plupart des cas, les symptômes de bois strié ne se manifestent que sur les porte-greffe américains.[73,74] Le virus peut en effet infecter de nombreux cépages européens de vigne sans produire de symptômes. Toutefois, on connaît plusieurs cas où de graves symptômes de bois strié se développent sur des *Vitis vinifera* francs de pied.

Les plantes infectées manquent de vigueur. Le débourrement est parfois retardé au printemps. On observe fréquemment un renflement au-dessus du point de greffe. Le symptôme le plus typique de cette maladie apparaît lorsqu'on sépare l'écorce du bois: on observe alors des sillons longitudinaux formant des cannelures à la surface du bois, et apparaissant en relief inversé à la surface interne de l'écorce.[81,82] Si la partie du cep issue du greffon est tolérante au virus, les symptômes se limitent au porte-greffe. En Italie, certains cépages comme Ohanez,[72] Italia,[75,77] Regina, Montepulciano, Corniola, sont très sensibles et peuvent présenter de graves symptômes de bois strié. D'autres cépages, par exemple Panse précoce, Cardinal, Aglianico, Muscat de Hambourg, paraissent être tolérants, car ils ne montrent pas de symptômes de bois strié sur la partie issue du greffon.

La maladie du bois strié diminue la vigueur et la croissance des ceps, réduit leur rendement dans des proportions considérables et abrège leur vie. En Californie, le bois strié et la maladie de l'écorce liégeuse sont très semblables, et leurs symptômes sur l'indicateur LN 33 se confondent.

L'agent pathogène n'est pas connu.

Toutefois, dans certaines régions, le virus du court-noué est associé de façon constante à la maladie. En Italie et dans le sud de la France, le bois strié se dissémine par taches comme le court-noué lorsque le nématode *Xiphinema index* est présent. En Suisse, dans le nord de la France et en Californie, on observe de forts symptômes de bois strié en l'absence de virus du court-noué.

Il n'est pas exclu qu'il existe plusieurs types de bois strié avec des étiologies distinctes.

Plastomanie de la vigne (Grapevine flat trunk)

La maladie a été observée en Californie (USA), dans le sud de l'Italie, en Israël et en Hongrie. La transmission par greffe n'a été signalée qu'en Californie.

Le tronc des vignes atteintes devient elliptique ou aplati sur deux faces opposées. L'agent pathogène, sa sensibilité au traitement par la chaleur, et l'importance économique de la maladie ne sont pas connus.

Moucheture jaune de la vigne (Grapevine yellow speckle)[83,84]

Découverte en Australie, cette maladie apparaît sur des cépages cultivés depuis longtemps dans ce pays ou importés de Californie. Elle est probablement largement disséminée dans le monde. Toutefois, l'expression des symptômes paraît nécessiter des conditions climatiques particulières. Les symptômes de la moucheture jaune sont rarement observés en Californie. Ils peuvent être induits chez des plantes infectées à l'état latent par un traitement dans une chambre à température contrôlée.
La moucheture jaune se reconnaît à la présence de petites taches de couleur jaune disséminées sur le limbe. Leur nombre peut varier de quelques taches sur une ou deux feuilles à un grand nombre de taches contiguës qui forment de larges zones jaunes et peuvent couvrir la plus grande partie de la feuille. Parfois, les taches sont concentrées à proximité des nervures de premier et de second ordre, et elles forment un dessin qui rappelle les symptômes de la panachure réticulée produite par le virus du court-noué, ou ceux du jaunissement des nervures (yellow vein) dus au virus des taches annulaires de la tomate. Les symptômes de la moucheture jaune se développent tardivement. Ils sont généralement visibles à la fin de l'été. Avec les souches les plus virulentes, ils apparaissent plus tôt, s'intensifient rapidement et les taches prennent une teinte blanchâtre en automne. La variété Esparte (Syn. Mataro ou Mourvèdre) est le meilleur indicateur. Le virus n'a pas été isolé et ses propriétés ne sont pas connues. Il ne peut pas être éliminé par thermothérapie.

Marbrure de la vigne (Grapevine fleck)[85-87]

Les symptômes de la marbrure ont été souvent confondus avec ceux du court-noué lors des indexages sur *Vitis rupestris*. Cette virose est largement répandue à l'état latent dans de nombreux cépages et porte-greffe du monde entier.
Sur *Vitis rupestris* et en particulier sur le Rupestris du Lot ou Saint-George que l'on utilise comme indicateur, la marbrure se manifeste par un éclaircissement des nervures de troisième ordre,[85,86] avec un enroulement du limbe vers la face supérieure[87] et parfois d'importantes déformations foliaires.
Le virus n'a pas été isolé. Il peut être éliminé par thermothérapie. Sa dissémination considérable est probablement due au fait qu'il ne produit pas de symptômes chez les *Vitis vinifera* et chez de nombreux cépages ou porte-greffe hybrides.

Mosaïque des nervures de la vigne (Grapevine vein mosaic)[88-90]

La mosaïque des nervures a été décrite en France sur diverses variétés de *Vitis vinifera* montrant des symptômes de mosaïque très semblables à ceux que produit le virus du court-noué. Cependant, les essais de mise en évidence de ce virus ou d'autres Népovirus, par test sérologique ou par inoculation mécanique de plantes-tests herbacées restaient constamment négatifs chez les vignes atteintes de cette mosaïque. Celle-ci devait donc être considérée comme indépendante des viroses de type court-noué. Plus tard, elle apparut comme étant également distincte de la marbrure, qui ne produit jamais de symptômes chez les cépages de *Vitis vinifera*, alors que la mosaïque des nervures se manifeste par des symptômes de mosaïque foliaire aussi bien chez les vignes hybrides d'espèces américaines que chez *Vitis vinifera*. Les symptômes typiques consistent en une mosaïque vert pâle, affectant de préférence — mais non obligatoirement — les tissus proches des nervures primaires ou secondaires;

dans certains cas les plages du limbe fortement mosaïquées ont tendance à se nécroser, notamment chez l'espèce porte-greffe *Vitis riparia* Gloire,[88,89] utilisée pour l'indexage de la maladie par greffage. Le cépage hybride LN 33 est également un bon indicateur.

La maladie a été couramment trouvée chez de nombreuses variétés anciennes de *Vitis vinifera* et à un moindre degré chez les porte-greffe. Des infections ont été révélées, lors d'indexages, chez certains plants de variétés nouvelles de vigne, issues d'un plant de semis et n'ayant jamais été greffées; ceci paraît démontrer l'existence d'une transmission de la maladie par la graine, sinon par vecteur ou par quelque mode de propagation naturelle, autre que le greffage.

Les premières tentatives de thermothérapie ont été négatives.

Les résultats de l'indexage montrent que la mosaïque des nervures est très répandue. Diverses mosaïques décrites dans plusieurs autres pays d'Europe (Allemagne fédérale, Suisse, Roumanie, Bulgarie, Hongrie, URSS) sont probablement identiques à cette maladie. En Australie, une maladie décrite sous le nom de «summer mottle» ressemble beaucoup à la mosaïque des nervures.

Nécrose des nervures de la vigne (Grapevine vein necrosis)[91-93]

Découverte en France au cours d'essais de greffage entre variétés, la nécrose des nervures se manifeste surtout chez le porte-greffe *Vitis rupestris × V. Berlandieri* 110 R.[91,92] La croissance est fortement réduite et des nécroses noirâtres se forment sur les nervures des feuilles de la partie inférieure des sarments tout d'abord, puis sur les feuilles plus récentes au fur et à mesure de la croissance. Dans les conditions de serre, au printemps, on observe de graves symptômes de choc,[93] affectant les vrilles et une grande partie des pousses qui se couvrent de stries brunâtres et dont l'extrémité finit par se dessécher. Beaucoup de plantes meurent; quelques-unes se rétablissent.

La nécrose des nervures est largement répandue, infectant de nombreux cépages à l'état latent. L'agent causal est probablement un virus, mais n'a pu encore être isolé. Il peut être éliminé par thermothérapie. L'importance économique de la maladie n'est pas connue.

Mosaïque étoilée de la vigne (Grapevine asteroid mosaic)[94,95]

La mosaïque étoilée a été décrite en Californie. Le nom de cette maladie provient du fait que les taches transparentes qu'elle produit sur les feuilles ont une forme ramifiée. Elles sont dues à la fusion de petites portions de nervures fines et du tissu adjacent. Des nécroses se développent parfois au centre de ces taches. Les feuilles affectées sont asymétriques et le limbe est souvent gaufré le long des nervures. Les symptômes s'atténuent en été. La récolte est nulle ou très réduite. Les plantes infectées restent faibles. Chez l'indicateur *Vitis rupestris* Saint-George, les symptômes apparaissent 1 à 2 mois après l'inoculation sous forme de bandes étroites de couleur jaune crème sur les nervures principales.[95] Les feuilles présentant ces symptômes sont déformées et plus petites que les feuilles saines.

Les propriétés du virus ne sont pas connues. L'importance économique de la mosaïque étoilée est limitée par le fait que cette maladie est peu répandue.

Nécrose infectieuse de la vigne (Grapevine infectious necrosis)[98,99]

La nécrose infectieuse de la vigne a été décrite en Tchécoslovaquie, où elle affecte principalement les porte-greffe américains. Le premier symptôme est une asymétrie du limbe.[98] Plus tard, on observe un jaunissement des tissus entre les nervures de 2e et 3e ordre, puis une nécrose de ces zones, qui se dessèchent et tombent, laissant des trous dans le limbe.[99] La feuille est ainsi souvent réduite à ses nervures et aux tissus immédiatement adjacents.

Il y a une grande analogie entre ces symptômes et ceux de la carence en zinc.

Nécrose des sarments de la vigne (Grapevine shoot necrosis)[100-102]

La nécrose des sarments, qu'il ne faut pas confondre avec la nécrose des nervures, n'a été observée qu'en Italie, et seulement sur la variété Corniola (appelée précédemment Razaki). Dans la région des Pouilles, tous les ceps de cette variété sont atteints.

La maladie se manifeste par de petites taches brunâtres et des stries en forme de dépressions qui se développent au début de la saison à la base des très jeunes sarments.[100] Ces lésions peuvent s'étendre, produisant une large zone nécrotique et des fissures de l'écorce.[102] Une partie des sarments atteints meurt.[101] Les feuilles sont pâles au printemps et la récolte est réduite, mais les grappes sont normales et ne présentent pas de coulure ou de baies de qualité inférieure.

On ne connaît pas la cause de cette maladie. Toutefois, celle-ci se propage avec les greffons. Les ceps malades montrent toujours des symptômes de bois strié et sont toujours infectés par le virus du court-noué.

Maladies causées par des Procaryotes intracellulaires (microorganismes de type mycoplasme et Rickettsia)

Quelques maladies de la vigne précédemment considérées comme des maladies à virus paraissent causées par des microorganismes procaryotes de type mycoplasme ou *Rickettsia*: ce sont la flavescence dorée, la maladie du bois noir et la maladie de Pierce. Bien que l'agent pathogène du bois noir n'ait pas encore été trouvé, nous incluons cette maladie dans ce groupe en raison de la similitude des symptômes avec ceux de la flavescence dorée.

Flavescence dorée [106-112]

Ce terme est maintenant restreint aux cas identiques à la forme épidémique qui a sévi dans le sud-ouest de la France entre 1949 et 1955, causant des dégâts très graves en Armagnac, sur Baco 22 A. Une épidémie grave sévit actuellement en Corse. La flavescence dorée semble exister aussi dans plusieurs autres pays, notamment en Italie, où des symptômes identiques ont été observés, mais des confusions avec la maladie du bois noir (voir ci-dessous) ou d'autres maladies sont possibles. En Armagnac, les premiers symptômes apparaissent en juin. La croissance est inhibée, les entre-nœuds restent courts et les feuilles s'enroulent vers leur face inférieure.[106,109] Au cours de l'été, l'enroulement des feuilles s'accentue, le limbe devient cassant et présente chez les cépages blancs un jaunissement par plages plus ou moins étendues,[108,112] tandis que chez les cépages rouges on observe un rougissement plus ou moins prononcé de toute la feuille. Les sarments infectés mûrissent irrégulièrement ou pas du tout. Parfois, l'écorce se fissure longitudinalement. Lorsque les symptômes apparaissent tôt, les grappes se dessèchent,[109] parfois même avant la floraison. Si l'infection est plus tardive, les raisins se rident et tombent à la moindre secousse.

L'agent de la flavescence dorée semble être un microorganisme de type mycoplasme. Il est transmis par la cicadelle *Scaphoideus littoralis*. Dans le sud-ouest de la France, la maladie est combattue par des traitements insecticides appliqués sur de vastes étendues. Les vignes infectées se guérissent spontanément et restent saines si elles ne sont pas réinfectées.

L'agent de la flavescence dorée a été transmis à diverses plantes herbacées par l'intermédiaire du vecteur *Scaphoideus littoralis*.

Maladie du bois noir de la vigne (Grapevine black wood disease)[113-124]

La maladie du bois noir existe dans le Jura français, l'Aube et la Bourgogne.[113,114] Il est probable que les maladies décrites sous les noms de Goldgelbe Vergilbung, Vergilbungskrankheit ou flavescence dorée en Allemagne fédérale, en Suisse, en Roumanie, en Israël, au Chili et en Nouvelle-Zélande sont semblables à la maladie du bois noir.[115-124] Le bois noir diffère de la flavescence dorée au sens strict par une évolution beaucoup plus lente de ses symptômes et par son caractère peu épidémique. Pour le reste, ses caractéristiques sont très semblables à celles de la flavescence dorée. L'agent pathogène n'est pas connu, et n'est pas transmissible par *Scaphoideus littoralis*. Le terme «bois noir» provient du fait que les parties non aoûtées des sarments noircissent durant l'hiver.

Maladie de Pierce (Pierce's disease)[125-129]

La maladie de Pierce n'a été identifiée qu'en Amérique du Nord. Elle a produit des dégâts graves au Mexique (Parras, Coahuila) et aux Etats-Unis (Californie, Texas et Caroline du Sud) à divers intervalles depuis la fin du XIXe siècle. La croissance est retardée au printemps. Dès le milieu de juin, les feuilles se dessèchent à partir des bords, soit brusquement lorsque le limbe est encore vert,[128] soit à la suite d'un jaunissement progressif.[127] Les feuilles les plus gravement atteintes tombent, laissant le pétiole attaché au sarment. Les grappes se flétrissent avant la récolte. Les sarments ne mûrissent pas ou mûrissent de façon irrégulière en taches brunes plus ou moins étendues. L'agent de la maladie de Pierce peut infecter la luzerne et de nombreuses autres plantes herbacées ou ligneuses. Il est transmis par diverses espèces de cicadelles et de cercopides. L'une de ces espèces, *Philaenus spumarius*, est commune en Europe.

On a pendant longtemps considéré la maladie de Pierce comme une maladie à virus. D'après des recherches récentes, l'agent infectieux semble être une bactérie gram-négative de type *Rickettsia*. On ne dispose pas de moyens de lutte, si ce n'est l'usage de cépages tolérants ou résistants.

Confusions possibles entre viroses et autres maladies, dégâts ou anomalies de la vigne

Les symptômes produits chez la vigne par des virus ou par des microorganismes de type mycoplasme ou *Rickettsia* peuvent être confondus avec ceux de divers dégâts ayant d'autres causes, tels que:

— maladies bactériennes ou fongiques[130-139]
— carences alimentaires[140-153]
— dégâts dus à des causes météorologiques (gel, brûlures de soleil, sécheresse)[154]
— anomalies génétiques[155-157]
— dégâts produits par des traitements herbicides[159-168] ou antiparasitaires[169-172]
— dégâts produits par des insectes ou des acariens[173-186]

En raison de ces possibilités de confusion, le diagnostic est souvent difficile dans le vignoble et même dans les parcelles d'indexage.
Nous donnons ci-dessous quelques exemples des principales erreurs qui peuvent être commises.

Court-noué (Fanleaf)[1-31]

Les entre-nœuds très courts,[13] les doubles nœuds[13] et les fasciations[12,13] qui sont communément observés dans les formes les plus virulentes du court-noué de la vigne peuvent être aussi causés par une carence aiguë en bore.
L'acarien *Calepitrimerus vitis* inhibe la croissance des bourgeons au printemps, ce qui produit des entre-nœuds très courts.[178] Dans les publications anciennes, notamment en Suisse, ce symptôme est souvent appelé «court-noué». Les feuilles endommagées par ce ravageur sont fortement déformées.[177,178]
La présence d'entre-nœuds courts et de déformations des feuilles peut résulter d'une attaque de thrips,[185,186] notamment *Drepanothrips reuteri* et *Anaphothrips vitis*.
Le champignon *Eutypa armeniacae* qui se développe dans le bois âgé cause un dépérissement progressif des ceps avec des sarments rabougris très semblables à ceux des vignes infectées par une forme très virulente de court-noué. Les feuilles sont petites et déformées.[134]
Des déformations des feuilles rappelant quelque peu celles qui sont produites par le court-noué ou la maladie des énations peuvent être observées chez des vignes souffrant de carences en bore[142] ou en zinc.[152,153] L'analogie entre les symptômes de la nécrose infectieuse[98,99] et de la carence en zinc[152,153] a déjà été mentionnée.
Des anomalies des feuilles et des sarments d'origine génétique, semblables aux symptômes du court-noué, sont fréquentes chez les vignes issues de semis.
Des herbicides de type «hormone»[168] tels que le 2,4-D ou le 2,4,5-T produisent aussi des déformations des feuilles rappelant celles qui sont dues au virus du court-noué.

La coulure produite par le virus du court-noué ou par d'autres Népovirus[33,40] peut être confondue avec la coulure physiologique. La carence en bore ou en zinc produit aussi la coulure et le millerandage de la vigne.

Les divers types de panachure produits par des souches des virus du court-noué,[16-31] de la mosaïque de l'arabette,[32-35] des taches annulaires de la tomate[39,41,42] ou d'autres virus[47] du groupe des Népovirus peuvent être confondus avec:

— les symptômes de la moucheture jaune[83,84]
— ceux de la flavescence dorée[106,108,112] ou du bois noir[120-122] sur les cépages blancs
— les dégâts d'*Empoasca flavescens* (et probablement d'autres espèces d'*Empoasca*) sur les cépages blancs[182]
— la chlorose due à la carence en fer (chlorose calcaire)[150,151] et en manganèse[147]
— des dégâts produits par certains herbicides, comme le monuron[163] ou le diuron
— des panachures d'origine génétique[156,157]
— des dégâts de gel.[154]

Enroulement (Leafroll)[54-63]

Sur les cépages rouges, les symptômes de l'enroulement[54-56] peuvent être confondus avec:

— les dégâts produits par la cicadelle bubale (*Ceresa bubalus*)[183]
— les dégâts d'*Empoasca flavescens*,[181] et probablement d'autres espèces d'*Empoasca*
— les dégâts causés par plusieurs espèces d'acariens[173,176]
— les symptômes de la flavescence dorée et du bois noir[123]
— les symptômes de carence en magnésium,[146] en potassium[149] ou en bore[142]
— les dégâts dus à la phytotoxicité de certains produits antiparasitaires.[169,170]

Sur les cépages blancs, l'enroulement[57-60] peut être confondu avec la flavescence dorée[106-112] et le bois noir,[113,114,120,124] avec les carences en magnésium,[145] en potassium[149] et en bore.[140]

Maladie de l'écorce liégeuse (Corky bark)[64-69]

Les symptômes de la maladie de l'écorce liégeuse peuvent être confondus avec les fissures longitudinales produites par la carence en bore,[143] la nécrose des sarments[100-102] la nécrose bactérienne (Maladie d'Oléron, Tsilik Marasi)[130-133] et l'excoriose.[135]
La maladie du bois strié[72-82] et celle de l'écorce liégeuse[64-69] produisent dans certains cas des symptômes identiques.

Moucheture jaune (Yellow speckle)[83,84]

Possibilité de confusion avec la panachure ordinaire[16-24] ou réticulée,[25,27,28] avec le jaunissement des nervures (yellow vein),[39,41,42] la mosaïque jaune chrome,[47] la mosaïque des nervures.[88-90]

Marbrure (Fleck)[85-87]

Des symptômes d'éclaircissement des nervures très semblables à ceux de la marbrure peuvent être observés sur les feuilles de certains cépages, par exemple sur Chasselas, en l'absence de toute infection virale. Il s'agit probablement d'une anomalie génétique.[155]

Mosaïque des nervures (Vein mosaic)[88-90]

Possibilités de confusion avec les symptômes de mosaïque verte[11] ou jaune (panachure ordinaire et panachure réticulée)[16-31] produits par le virus du court-noué ou par d'autres virus du groupe des Népovirus, avec les symptômes causés par le virus de la mosaïque de la luzerne sur vigne,[52,53] ou encore avec la moucheture jaune.[83,84]

Flavescence dorée[106-112] et bois noir[113-124]

Les symptômes de ces deux maladies peuvent être confondus avec ceux de l'enroulement,[54-60] de la maladie de Pierce[125-129] et de la carence en bore.[140-143]
Chez les cépages blancs, les plages jaunes qui se développent sur les feuilles peuvent en outre causer des confusions avec les symptômes de la panachure,[16-31] du jaunissement des nervures,[39,41,42] de la mosaïque jaune chrome.[46,47]
Chez les cépages rouges, le rougissement des feuilles peut être confondu avec des symptômes analogues produits par d'autres causes, par exemple:

— étranglement ou blessures du tronc ou des sarments
— phénomènes d'incompatibilité chez des vignes greffées[158]
— maladie de l'écorce liégeuse[64-69]
— chlorose infectieuse et rougissement des feuilles du Pinot noir[70,71]
— dégâts produits par certains produits antiparasitaires.[169,170]

Maladie de Pierce (Pierce's disease)[125-129]

Les symptômes de la maladie de Pierce peuvent être confondus avec ceux des affections suivantes:

— esca (*Stereum hirsutum* et *Phellinus ignarius*)[136,137]
— pourridié produit par *Phymatotrichum omnivorum*[138,139]
— Brenner ou rougeot parasitaire (*Pseudopeziza tracheiphila*).

26

Einleitung

Aus Reben sind rund zwanzig Viren isoliert und bestimmt worden. Die Erreger etwa zehn weiterer Rebenkrankheiten, die man für Virosen hält, konnten noch nicht isoliert werden. Aus praktischen Gründen werden wir sie zu den Viren zählen. Einige Rebenkrankheiten, die man früher als Virosen ansah, werden heute auf prokaryotische Organismen des Typs *Mycoplasma* oder *Rickettsia* zurückgeführt.

Bestimmte Viren, z. B. die Erreger der Reisig- und Blattrollkrankheit, verursachen große Ertragseinbußen und Qualitätsminderungen. Sie sind in den Weinbaugebieten der Welt weit verbreitet.

Einige Viren können örtlich große Verluste verursachen, haben aber wegen ihrer beschränkten geographischen Ausbreitung keine wirtschaftliche Bedeutung.

Mehrere weitverbreitete Viren sind für die meisten Rebsorten nur wenig pathogen; sie verursachen nur geringe oder überhaupt keine Symptome. Ihr Vorkommen kann nur durch spezifische Tests nachgewiesen werden. Über ihre wirtschaftliche Bedeutung ist nichts Genaues bekannt.

Andere Viren, die man von verschiedenen Pflanzen her kennt, z. B. das Tabakmosaik-, Tabaknekrose- und das Tomatenzwergbuschvirus, wurden gelegentlich aus Reben isoliert, in denen sie latent vorkommen. Ihre Schadwirkung ist noch unbekannt, ihre wirtschaftliche Bedeutung wahrscheinlich gering.

Die meisten Viren können in Reben durch spezifische Tests nachgewiesen werden. Ihre Erkennung beruht weitgehend auf den Symptomen, die sie auf Ertrags- oder Unterlagsreben oder auf besonders empfindlichen Vitisarten (Indikatoren) hervorrufen. Die Viren der zu untersuchenden Rebe werden durch Pfropfung auf eine Indikatorrebe übertragen. Einige Viren lassen sich mechanisch auf krautige Pflanzen übertragen. So kann z. B. das Virus der Reisigkrankheit (fanleaf virus) auf die Reismelde (*Chenopodium quinoa*) und auf Kugelamarant (*Gomphrena globosa*) und einige andere Pflanzen übertragen werden, auf denen sie wenige Tage nach der Inokulation spezifische Symptome hervorrufen. Darüber hinaus kann das Virus im Saft krautiger Pflanzen serologisch nachgewiesen werden. Mit den empfindlichsten serologischen Verfahren lassen sich die Viren sogar in Gewebeextrakten infizierter Reben identifizieren.

Eine gute Kenntnis der Symptome, die Viren oder virusähnliche Krankheitserreger an Ertrags- und Unterlagsreben hervorrufen, ist für jeden, der sich mit Gesundheitsselektion im Weinbau befaßt, unentbehrlich. Ebenso wichtig ist es, die Schadbilder anderer Krankheiten sowie von Schädigungen, Nährstoffmangelerscheinungen und anderer Anomalien an Reben zu kennen, die mit den Symptomen der Virosen verwechselt werden können.

Dieses Buch enthält eine kurze Beschreibung der wichtigsten Rebenkrankheiten, die durch Viren, Mycoplasma- und Rickettsia-ähnliche Organismen verursacht werden. Es weist außerdem auf Diagnoseschwierigkeiten hin, die aufkommen können, wenn andere Ursachen ähnliche Symptome hervorrufen.

Die wichtigsten Viruskrankheiten der Rebe

Die Viren, die Reben infizieren, können nach ihrem Übertragungsmodus in vier Gruppen eingeteilt werden.

Die erste Gruppe umfaßt Viren, die durch bodenbewohnende Nematoden übertragen werden.[1-47]* Ihr wichtigster Vertreter ist das Virus der Reisigkrankheit. Man bezeichnet diese Gruppe als Nepoviren (*NE* für Nematoden, *PO* für Polyeder, nach der Form der Virusteilchen). Sie können mechanisch auf krautige Wirtspflanzen übertragen, serologisch nachgewiesen und identifiziert werden. Die meisten ihrer Überträger sind bekannt; sie gehören den Gattungen *Xiphinema* und *Longidorus* an.

Die zweite Gruppe besteht aus zwei durch bodenbewohnende Pilze übertragbare Viren. Ihre wirtschaftliche Bedeutung ist sehr gering.

Die dritte Gruppe umfaßt zwei durch Blattläuse übertragbare Viren: das Luzernemosaikvirus[52-53] und das Saubohnenwelkevirus. Ihre wirtschaftliche Bedeutung steht zwar noch nicht fest, dürfte aber nicht bedeutend sein.

In der vierten Gruppe werden Viren zusammengefaßt, deren Übertragungsmodus nicht bekannt ist. Die Viren dieser Gruppe konnten in den meisten Fällen noch nicht isoliert werden; ihre Eigenschaften sind nicht bekannt.

Die wichtigsten Eigenschaften der Viren und der Viruskrankheiten der Rebe sind in Tabelle I (S. 166) zusammengefaßt. Nachfolgend eine Beschreibung der wichtigsten Viruskrankheiten der Rebe.

1. DURCH BODENBEWOHNENDE NEMATODEN ÜBERTRAGBARE VIREN (NEPOVIREN)[1-47]

Diese Viren sind polyedrisch mit einem Durchmesser von etwa 30 nm (1 nm = 1 Nanometer = 1 / 1 000 000 mm). Die Überträger-Nematoden nehmen die Viren beim Saugen an kranken Wurzeln auf. Wurzeln, die nach dem Ausreißen kranker Reben im Boden bleiben, können längere Zeit weiterleben und stellen eine Virusinfektionsquelle dar. Die Verseuchung des Bodens wird damit verlängert. Nach der Aufnahme von Virus können die Nematoden mehrere Monate lang infektiös bleiben. Sie übertragen die Viren von Rebe zu Rebe, häufig in kreisförmigen Herden. Infizierte Nematoden können mit bewurzelten Reben aus Rebschulen, aber auch mit der Bewässerung, z. B. bei Überflutungen, übertragen werden. Viele Nepoviren können auch verschiedene Unkräuter anstecken; einige davon übertragen das Virus mit dem Samen, der es in andere Gebiete tragen kann. Auf weite Entfernungen werden Nepoviren durch Wurzelreben, Edelreiser und Unterlagen verbreitet.

---

* Die Zahlen verweisen auf die Abbildungen auf den Seiten 64-159.

Virus der Reisigkrankheit (Grapevine fanleaf virus)[1-31]

Wegen seiner weltweiten Verbreitung ist dies das wichtigste Virus der Rebe. Es infiziert alle Ertragsreben sowie nordamerikanische *Vitis*arten, *Vitis vinifera* und Hybriden. Das fanleaf virus beeinträchtigt sowohl die Ertragsleistung als auch die Lebensdauer der Reben. Art und Stärke der Symptome variieren mit den in den Reben anwesenden Virusstämmen. Eine Infektion kann ein rasches Absterben einer Rebe oder ein mehrjähriges Kümmern verursachen.

Die wichtigsten Symptome sind:

An Trieben: Kurzinternodien,[13] Doppelknoten,[13] anomale Vergabelungen,[13] Verbänderungen[12,13] und Zickzackwuchs. Diese Veränderungen sind allerdings nicht spezifisch für die Reisigkrankheit. Sie können auch durch andere Nepoviren oder durch Viren, die nicht zu dieser Gruppe gehören (z. B. das Joannes-Seyve virus) sowie durch verschiedene andere Ursachen hervorgerufen werden. Verbänderungen, Doppelknoten und verkürzte Internodien findet man übrigens auch an gesunden Reben. Bei einigen *Vitis-vinifera*- Varietäten sind Doppelknoten und Kurzinternodien als erbliche Sortenmerkmale zu betrachten (Ugni blanc, Riesling, Burgunder u.a.).

An Blättern: verschiedenartige Formveränderungen, erweiterte Stielbuchten, Raffung der Hauptadern, die zu Fächerblättrigkeit führt (daher die Bezeichnung fanleaf = Fächerblatt), asymmetrische Spreiten mit spitzen Zähnen, unregelmäßige Äderung und gelbe Sprenkelungen in verschiedenen Mustern.[1-9,11]
Die durch das Virus der Reisigkrankheit hervorgerufenen Panaschüren treten in verschiedenen Formen auf: Aufhellung der Blattadern, so daß auf dem grünen Blattgrund ein weißes oder gelbes Netzmuster entsteht;[25,27,28] unregelmäßig auf der Spreite verteilte große, aber auch sehr kleine Flecke[16,19-24] und schließlich totale Vergilbung des Blattes.[17,18] Panaschüreinfektionen verursachen im allgemeinen nur geringe Blattdeformationen. Neuinfizierte Reben zeigen typische Primärsymptome: gelbe Flecke, unregelmäßige Striche und Ringe.[10] Blattsymptome, wie bei der Reisigkrankheit, können auch von anderen Viren hervorgerufen werden.

An Gescheinen: Zahl und Größe der Blütenstände sind geringer als bei gesunden Reben. Durchrieseln und Kleinbeerigkeit (millerandage) kommen häufig vor. Es handelt sich hierbei um wichtige Symptome der Reisigkrankheit und anderer, von Nepoviren verursachten Krankheiten,[33,40] die allerdings nicht spezifisch sind, da sie auch von anderen Ursachen ausgelöst werden können.

An Wurzeln: Das Wurzelsystem kranker Pflanzen ist schwächer entwickelt als das gesunder.

Innere Symptome: In Querschnitten durch kranke, verholzte Triebe findet man intrazelluläre (endozelluläre) Stäbe (Stäbchen).[14,15] Sie treten gehäuft in den Holzgefäßen der Basalinternodien als radial angeordnete «Balken» auf. Ihre Anwesenheit stellt vor allem bei Amerikanerunterlagen ein wichtiges diagnostisches Merkmal dar, dessen Fehlen allerdings nicht als Nachweis für «Virusfreiheit» angesehen werden kann.
Das Virus der Reisigkrankheit wird durch die Nematoden *Xiphinema index* und *Xiphinema italiae* übertragen. Experimentell wurde nachgewiesen, daß dieses Virus durch den Samen einiger krautiger Pflanzen übertragen wird, die als Testpflanzen verwendet werden. Eine natürliche Infektion von Weinbergsunkräutern wurde bisher allerdings noch nicht festgestellt. Mit Rebsamen wird das fanleaf virus nicht übertragen.

Durch 4-6 wöchige Hitzebehandlung bei 37-38° C kann das Virus aus Reben eliminiert werden.

Arabismosaikvirus (Arabis mosaic virus)[32-35]

Das mit dem Virus der Reisigkrankheit serologisch verwandte Virus wurde in der Bundesrepublik Deutschland, in Frankreich, in der Schweiz, in Bulgarien, in Jugoslawien, in Ungarn und in Japan in Reben gefunden. Es verursacht ähnliche Symptome wie das Virus der Reisigkrankheit, mit dem es manchmal auch in Mischinfektion vorkommt. Das Arabismosaikvirus kann zahlreiche holzige und krautige Gewächse infizieren. Es wird durch die Nematoden *Xiphinema diversicaudatum*, *Xiphinema coxi* und *Longidorus caespiticola* übertragen. Auf die Rebe kann das Arabismosaikvirus durch *Xiphinema diversicaudatum*, nicht aber durch *Xiphinema index* übertragen werden.

Tomatenschwarzringfleckenvirus (Tomato black ring virus)[36]

Das Virus wurde bisher nur in der Bundesrepublik Deutschland in Reben gefunden. Es beeinträchtigt das Wachstum und ruft an älteren Blättern eine Scheckung (Marmorierung) der Blattspreiten und eine Aufhellung ihrer Ränder hervor. Nach frischen Infektionen können sich chlorotische Flecke, Ringe oder Striche bilden. In Rebschulen verursachen infizierte Unterlagen bei Pfropfreben hohe Ausfälle. Der Nematode *Longidorus attenuatus* kann das Virus auf Reben übertragen.

Himbeerringfleckenvirus (Raspberry ringspot virus)[37]

In der Rebe wurde dieses Virus in der Bundesrepublik Deutschland nachgewiesen. Die hervorgerufenen Symptome sind jenen der Reisigkrankheit sehr ähnlich. *Longidorus macrosoma*, als Vektor für das Himbeerringfleckenvirus bekannt, wurde in infizierten Rebanlagen gefunden. Der experimentelle Beweis, daß dieser Nematode das Virus auch auf die Rebe überträgt, wurde allerdings noch nicht erbracht.

Latentes Erdbeerringfleckenvirus (Strawberry latent ringspot virus)[38]

An Reben wurde dieses Virus in der Pfalz nachgewiesen. Die Symptome an den befallenen Rebsorten Silvaner und anderen *Vinifera*-Varietäten ähneln der Fächerblättrigkeit mit weit geöffneten Stielbuchten, wie sie bei der Reisigkrankheit beobachtet werden. Über die wirtschaftliche Bedeutung und die Ausbreitung der Krankheit ist nichts bekannt.

Tomatenringfleckenvirus (Tomato ringspot virus)[40-45]

Ein Stamm dieses Virus wurde in Kalifornien in Reben festgestellt, wo er die Gelbadrigkeit (Grapevine yellow vein) verursacht. Weitere Stämme wurden auch im Staate New York und in Ontario (Kanada) nachgewiesen.

Die wichtigsten Symptome dieser Viruskrankheit sind:

In Kalifornien (yellow vein): kleine gesprenkelte Flecke auf Blättern, vor allem entlang der Adern. Im Frühjahr sind sie zunächst gelb, später, im Sommer, werden sie weißlich.[41-42] Durchrieseln und Kleinbeerigkeit,[40] ähnlich wie bei der Reisigkrankheit. Kranke Reben haben geringe Erträge; zuweilen sind sie ertragslos.

30

Im Staate New York: Verkümmern der Rebstöcke, kleine unregelmäßige, oft fächerförmige Blätter mit gelben Flecken auf jüngeren Spreiten, Durchrieseln, geringer Ertrag.[43]

In Ontario: Das Tomatenringfleckenvirus verursacht an der Hybride De Chaunac (Seibel 9549) Kurzgliedrigkeit mit Rosettenbildung, Vergilbung und Einrollen der Blätter sowie Kümmerwuchs der Rebstöcke.[44,45] Der Ertrag ist sehr gering.

Der Vektor des Tomatenringfleckenvirus ist *Xiphinema americanum*. Der experimentelle Beweis, daß dieser Nematode das Virus auch von Rebe zu Rebe überträgt, steht noch aus.

Tabakringfleckenvirus (Tobacco ringspot virus)

Dieses Virus wurde im Nordosten des nordamerikanischen Kontinents festgestellt. Es erzeugt ähnliche Symptome wie das Tomatenringfleckenvirus. Der Vektor des Tabakringfleckenvirus ist *Xiphinema americanum*, doch wurde dies für Reben experimentell nicht nachgewiesen.

Rosettenmosaikvirus des Pfirsichs (Peach rosette mosaic virus)

Das Virus verursacht eine Krankheit an Pfirsich und der Concord-Rebe (*Vitis labrusca*) im Staate Michigan (USA) und im Südwesten von Ontario (Kanada). Man findet kranke Weingärten vor allem dort, wo Reben auf Böden angepflanzt wurden, auf denen zuvor kranke Pfirsichbäume gestanden haben. Die Krankheit tritt aber auch nach mehrjähriger Brache auf, sofern Unkräuter, die zu den Wirtspflanzen des Virus zählen, auf dem Grundstück vorhanden waren. Das Virus wurde in den Wurzeln verschiedener Unkräuter gefunden: *Solanum carolinense*, Krauser Ampfer (*Rumex crispus*) und Löwenzahn (*Taraxacum officinale*). Das Virus wird durch den Samen des Löwenzahns und der Rebe übertragen.
Die Knospen erkrankter Reben treiben 2 bis 3 Wochen später aus als bei gesunden. Die Blätter sind häufig asymmetrisch und leicht marmoriert. Die Trauben sind locker, die Beeren fallen vorzeitig ab. Das Triebwachstum ist schwach, die Internodien sind kurz und gekrümmt. Das Virus wird auf Pfirsich und auf Reben durch *Xiphinema americanum* übertragen.

Chrommosaikvirus (Grapevine chrome mosaic virus)[46,47]

Das Chrommosaik der Rebe findet man im Gebiet des Plattensees (Ungarn). Die Symptome umfassen eine chromgelbe oder weißliche Verfärbung der Blätter, verminderte Wüchsigkeit, verkürzte Internodien und Doppelknoten sowie endozelluläre Stäbchen. Einige Stämme des Virus verursachen Verunstaltungen und eine chlorotische Marmorierung an Blättern. Es gibt auch Stämme des Virus, die keine Symptome auslösen. Aus kranken Reben wurde ein polyedrisches Virus isoliert. Es hat für Nepoviren charakteristische Eigenschaften und ist serologisch weitläufig mit dem Tomatenschwarzringfleckenvirus (Tomato black ring virus) verwandt. Der Überträger des Chrommosaikvirus ist nicht bekannt. Da die Krankheit in den Rebanlagen herdweise auftritt, ist eine Übertragung über den Boden wahrscheinlich.

Italienisches latentes Artischockenvirus (Artichoke Italian latent virus)

Dieses Virus wurde nur ein einziges Mal, in Bulgarien, in Reben gefunden. Es ist in Italien weit verbreitet, wo es zahlreiche Gemüse- und Zierpflanzen sowie Unkräuter ansteckt. Das italienische, latente Artischockenvirus wird durch den Nematoden *Longidorus apulus* übertragen.

Bulgarisches latentes Rebenvirus (Grapevine Bulgarian latent virus)

Das Virus ist in Bulgarien weit verbreitet, wo es mehrere Rebsorten infiziert, ohne Symptome hervorzurufen. Es ist auf verschiedene krautige Pflanzen durch mechanische Inokulation übertragbar. Die Viruspartikel haben einen Durchmesser von etwa 26 nm; der Überträger ist nicht bekannt. Serologisch mit dem bulgarischen latenten Rebenvirus verwandte Viren sind in Portugal und im Staate New York, USA, in Reben gefunden worden. Wegen seiner Eigenschaften kann das bulgarische latente Rebenvirus zu den Nepoviren gezählt werden, obgleich der Überträger noch nicht bekannt ist.

Enationenkrankheit der Rebe (Grapevine enation)[48-50]

Die Enationenkrankheit wurde in folgenden Ländern festgestellt: Italien, Bundesrepublik Deutschland, Frankreich, Spanien, Ungarn, Tschechoslowakei, Bulgarien, Griechenland, Türkei, UdSSR, USA, Venezuela, Südafrika, Neuseeland, Australien. Sie kann an mehreren *Vitis-vinifera*-Sorten und Amerikanerunterlagen auftreten. Die Knospen treiben im Frühjahr spät aus, die Triebe entwickeln sich langsam, wodurch der Rebstock ein buschiges Aussehen annimmt. Später wird das Wachstum wieder kräftiger, und die Blätter nehmen ihre normale Form an. Die Enationen entwickeln sich vor allem auf der Unterseite der Spreiten u. zw. an den Blättern der Triebbasis.[48,49] Es handelt sich um verschiedenartig geformte blattartige Auswüchse, 2-3 mm hoch, 3-5 mm lang, manchmal aber auch viel länger, die annähernd parallel zu den Hauptadern verlaufen. Blätter mit Enationen sind meist deformiert; sie sehen häufig wie ein Fächer mit tiefen Einschnitten aus. Stark mit Enationen besetzte Blätter fallen vorzeitig ab. An der Triebbasis findet man gehäuft Doppelknoten und sehr kurze Internodien. Die Rinde im unteren Teil der Triebe weist zwischen den Knoten oftmals Längsrisse auf.
In Reben mit Enationen wird häufig das Virus der Reisigkrankheit gefunden. Mehrere Autoren glauben, daß die Enationen von einem besonders virulenten Stamm dieses Virus (fanleaf virus) hervorgerufen werden. In mehreren Fällen konnte allerdings in Reben mit Symptomen der Enationenkrankheit kein mechanisch übertragbares Virus nachgewiesen werden.

2. DURCH BODENBEWOHNENDE PILZE ÜBERTRAGBARE VIREN

Das Tabaknekrosevirus (tobacco necrosis virus) wurde in Südafrika, das Tomatenzwergbuschvirus (tomato bushy stunt virus) in der Bundesrepublik Deutschland, in Italien, Bulgarien und der Tschechoslowakei nachgewiesen. Ihre wirtschaftliche Bedeutung scheint sehr gering zu sein.

Der Pilz *Olpidium brassicae*, der Überträger des Tabaknekrosevirus, überträgt möglicherweise auch das Tomatenzwergbuschvirus. Der experimentelle Beweis, daß dieser Pilz die beiden Viren auch auf die Rebe überträgt, steht aus.

3. DURCH BLATTLÄUSE ÜBERTRAGBARE VIREN

Das Luzernemosaikvirus (alfalfa mosaic virus) wurde in der Bundesrepublik Deutschland, in der Schweiz, der Tschechoslowakei, in Ungarn und Bulgarien in Reben gefunden. Es ruft verschieden gemusterte Vergilbungen an Blättern hervor: Ringe, Striche und verschieden geformte Flecke.[52,53]
Das Saubohnenwelkevirus (broad bean wilt virus) wurde in Bulgarien an mehreren Rebsorten gefunden, an denen es mosaikartige Symptome hervorrief.
Beide Viren verursachen an Reben nur leichte Symptome. Dennoch kommt der Tatsache, daß sehr weit verbreitete, durch fliegende Vektoren übertragbare Viren Reben anstecken können, in Hinblick auf die Gesunderhaltung von Pflanzgut und die Abwehr von Infektionen erhöhte Bedeutung zu.
Die Vektoren, die die beiden Viren auf Reben übertragen, sind nicht bekannt.

4. VIREN, DEREN ÜBERTRÄGER UNBEKANNT SIND

Diese Gruppe umfaßt einige Viren, deren Partikel gut bekannt und charakterisiert sind sowie einige Krankheiten, deren Virusnatur angenommen wird, jedoch nicht bewiesen ist. Sie kann in zwei Untergruppen gegliedert werden.

a) VIREN, DEREN ÜBERTRÄGER UNBEKANNT, DEREN PARTIKEL ABER BEKANNT SIND

Joannes-Seyve-Virus (Joannes-Seyve virus)[96,97]

Dieses Virus verursacht in Ontario (Kanada) eine schwere Krankheit an der Sorte Joannes-Seyve (26-205). Ihre Symptome sind jenen der Reisigkrankheit sehr ähnlich: kurze Internodien, Kümmerwuchs, Blattflecke in linien- oder federförmigem Muster, manchmal chromgelbe Adernbänder, häufig asymmetrische Spreiten mit weit geöffneten Stielbuchten und scharfen Zähnen sowie Durchrieseln. Das Virus ist mechanisch auf krautige Wirtspflanzen übertragbar. Es besteht aus polyedrischen Partikeln mit einem Durchmesser von etwa 26 nm. Serologisch ist es mit keinem Nepovirus verwandt; auch seine biophysikalischen Eigenschaften weichen von jenen der Nepoviren ab. Örtlich kommt der Joannes-Seyve-Krankheit eine gewisse wirtschaftliche Bedeutung zu.

Bratislava-Mosaikvirus (Bratislava mosaic virus)[51]

Das Bratislavamosaik wurde im Süden und Südwesten der Tschechoslowakei beobachtet. Die Symptome ähneln jenen der Panaschüre, sind jedoch im ganzen milder. Das

Wachstum wird nur wenig, der Ertrag dagegen erheblich beeinträchtigt. Das Virus besteht aus sphärischen Partikeln, die auf krautige Pflanzen übertragen werden können. Der Überträger ist nicht bekannt.

Gänsefußmosaikvirus und Tabakmosaikvirus (Sowbane mosaic virus, tobacco mosaic virus)

Das erstgenannte Virus wurde in der Bundesrepublik Deutschland und in der Tschechoslowakei in Reben nachgewiesen, das andere in New York, USA, in der Bundesrepublik Deutschland, in Italien, Bulgarien, Jugoslawien und in der UdSSR. Sie verursachen keine Symptome an Reben; ihre wirtschaftliche Bedeutung ist wahrscheinlich sehr gering.

b) VIREN, DEREN ÜBERTRÄGER UND PARTIKEL UNBEKANNT SIND

Die Krankheitserreger dieser Gruppe wurden weder isoliert noch charakterisiert. Ihre Virusnatur wird wegen ihrer Übertragbarkeit durch Pfropfung und wegen der Ähnlichkeit ihrer Symptome mit Viruskrankheiten angenommen.

Blattrollkrankheit der Rebe (Grapevine leafroll)[54-63]

Die Blattrollkrankheit ist eine der wichtigsten Viruskrankheiten der Rebe, die in allen weinbautreibenden Ländern der Welt am weitesten verbreitet ist. Alle Ertragssorten und Unterlagsreben können infiziert werden. Die auffälligsten Symptome treten an roten Vitis-vinifera-Varietäten auf. Die wichtigsten Symptome:
An roten Vitis-vinifera-Sorten erscheinen an den unteren Blättern der Triebe rötliche Flecke.[54] Im Sommer breiten sich diese Verfärbungen nach und nach über die ganze Blattspreite aus; nur ein schmaler Saum von 2-3 mm entlang der Blattadern erster und zweiter Ordnung bleibt grün.[55] Die Spreite wird dicker, spröde und rollt sich nach unten ein. Rotverfärbung und Einrollen schreiten mit dem Wachstum von der Triebbasis gegen die Triebspitze fort, so daß gegen Sommerende der größte Teil des Laubes diese Symptome aufweist.[56] An den am stärksten rollenden Blättern kommt es im Herbst zu einer Nekrotisierung der oberen Epidermis, ähnlich wie beim Kaliummangel.
Im allgemeinen reifen die Trauben kranker Stöcke später und unregelmäßig.[61-63] Ihr Zuckergehalt ist geringer als der gesunder Trauben, was zu einer Qualitätsminderung des Lesegutes führt. Die Wüchsigkeit kranker Reben ist beeinträchtigt, die Ausbeute an Pfropfreben in Rebschulen ist geringer.
Bei weißen Rebsorten unterscheiden sich die Symptome dadurch, daß statt der Rotfärbung der Spreiten nur eine leichte Vergilbung eintritt;[57-60] es ist daher schwierig, die Krankheit zu entdecken.
An Amerikanerreben verursacht das Virus in der Regel keine Symptome. Aus diesem Grunde ist das Risiko einer Ausbreitung des Virus mit Unterlagsreben besonders groß.
Die Symptome der Blattrollkrankheit weisen erhebliche Schwankungen auf. Sie sind einerseits auf Stämme unterschiedlicher Virulenz, andererseits auf den Einfluß des Wetters auf die Ausprägung des Schadbildes zurückzuführen.
Ein fadenförmiges Virus mit Eigenschaften, die für Potyviren typisch sind, wurde in Israel aus kranken Reben isoliert. Dies führte zu der Annahme, daß es sich hierbei um

den Erreger der Blattrollkrankheit handelt. Andere Institute konnten diese Ergebnisse nicht bestätigen.

Das Virus der Blattrollkrankheit kann durch Hitze eliminiert werden.

Korkrindenkrankheit der Rebe (Grapevine corky bark)[64-69]

Die Korkrindenkrankheit wurde in Kalifornien (USA), Mexiko, Brasilien, Frankreich, Spanien, der Schweiz, in Italien, Jugoslawien, Bulgarien, Südafrika und Japan beobachtet. Wahrscheinlich tritt sie auch in anderen Ländern auf. Bei den meisten Rebsorten verursacht das Virus nur eine Verringerung der Wüchsigkeit. Unter den Wachstumsbedingungen in Kalifornien beeinträchtigt es bei den Rebsorten Palomino, Petite Sirah,[69] Mondeuse,[65] Cabernet franc und Gamay das Wachstum nach dem Austrieb und führt zum Absterben einiger Sprosse: einige Triebe kranker Reben sind gummiähnlich weich, weisen Längsrisse auf den unteren Internodien auf und hängen häufig zu Boden. Oft sind die Blätter kranker Reben kleiner als bei gesunden; bei roten Sorten verfärben sie sich rot und rollen sich im Laufe des Sommers nach unten ein. Die Rotfärbung erfaßt die gesamte Spreite, einschließlich der Blattadern, die bei der Blattrollkrankheit zusammen mit einem schmalen Saum grün bleiben.[64,68] Im Herbst bleibt das Laub an kranken Reben länger hängen als an gesunden. Beim Indikator LN 33 (Couderc 1613 X Thompson seedless) tritt außer den erwähnten Symptomen eine Überentwicklung (Hypertrophie) der Rinde mit anomaler Korkbildung an bestimmten Stellen der Triebe auf. Die Rinde dieser übermäßig verkorkten Zonen reißt der Länge nach auf.[64,66,67] Der Erreger der Korkrindenkrankheit ist nicht bekannt. Er kann durch Hitzebehandlung ausgeschaltet werden.

Infektiöse Chlorose und Rotfärbung der Spätburgunderblätter [70,71]
(Infectious chlorosis and leaf reddening of Pinot noir)

Diese Krankheit, die der Korkrindenkrankheit (corky bark) ähnelt, wurde bisher nur in Frankreich gefunden. Sie tritt gelegentlich an Spätburgunder auf, der mit Reben (Cinsaut droit), die keinerlei Symptome aufweisen, durch Pfropfung infiziert wird. Auffallend ist das Nachlassen der Wüchsigkeit. Im Sommer vergilben die Blätter ein wenig und verfärben sich gegen den Herbst zu rot-violett. Diese Purpurfarbe dehnt sich auf die ganze Spreite, einschließlich der Adern aus, ähnlich wie bei der Korkrindenkrankheit. Abweichend von dieser Krankheit, fallen die Blätter bei der Infektiösen Chlorose im Herbst vorzeitig ab. An Holz, das älter ist als zwei Jahre, findet man Anschwellungen und Risse in der Rinde. Diese führen zu einer ringförmigen Entrindung, wodurch das Holz sehr brüchig wird. Die Trauben reifen früher als bei gesunden Reben, der Ertrag ist allerdings sehr gering.

Holzrunzeligkeit der Rebe (Grapevine stem pitting, legno riccio)[72-82]

Holzrunzeligkeit wurde in Italien, Frankreich, der Schweiz, Spanien, Portugal, Jugoslawien, Ungarn, Bulgarien, Rumänien, der Tschechoslowakei, der UdSSR, Griechenland, Israel, Jordanien, Südafrika, den USA und Venezuela festgestellt. Wahrscheinlich tritt sie in fast allen weinbautreibenden Ländern der Welt auf. Die Krankheit verursacht Schäden unterschiedlichen Ausmaßes. Meist tritt die Holzrunzeligkeit nur an den Amerikanerunterlagen auf.[73,74] Das Virus kann zahlreiche Europäerreben anstecken, ohne Symptome hervorzurufen. Es sind allerdings mehrere Fälle bekannt, in denen schwere Holzrunzeligkeit an wurzelechten *Vitis-vinifera*-Reben auftrat.

Kranke Reben sind schwachwüchsig. Manchmal treiben sie im Frühjahr verspätet aus. Häufig kommt es am Stamm oberhalb der Pfropfstelle zu einer Verdickung. Das typischste Symptom wird erst sichtbar, wenn man die Rinde der Stämme abschält: es fallen dann auf der Oberfläche des Holzes runzelartig angeordnete Längsfurchen auf; auf der Innenseite der Rinde findet man das entsprechende negative Relief.[81,82] Ist der aus dem Edelreis hervorgegangene Teil des Rebstockes tolerant gegenüber dem Virus, treten die Runzeln nur an der Unterlage auf.

In Italien gibt es einige sehr empfindliche Rebsorten, wie Ohanez,[72] Italia,[75,77] Regina, Montepulciano und Corniola, an denen sich sehr schwere Symptome der Holzrunzeligkeit bilden können. Andere Rebsorten, wie Panse precoce, Cardinal, Aglianico, Muskat von Hamburg scheinen tolerant zu sein, weil sie am Teil des Stammes, der aus dem Edelreis hervorgeht, keine Symptome entwickeln.

Die Holzrunzeligkeit vermindert die Wüchsigkeit und den Ertrag in erheblichem Maße und verkürzt die Lebensdauer der Reben. In Kalifornien sehen sich Holzrunzeligkeit und Korkrindenkrankheit sehr ähnlich, auf dem Indikator LN 33 sind sie nicht zu unterscheiden.

Der Erreger ist nicht bekannt. In einigen Gegenden tritt das Virus der Reisigkrankheit stets zusammen mit der Holzrunzeligkeit auf. In Italien und in Südfrankreich breitet sich die Krankheit herdweise aus, wenn der Boden mit *Xiphinema index* verseucht ist. In der Schweiz, in Nordfrankreich und in Kalifornien findet man Symptome der Holzrunzeligkeit auch in Abwesenheit des Virus der Reisigkrankheit (fanleaf). Es ist nicht ausgeschlossen, daß es mehrere Typen der Holzrunzeligkeit mit verschiedenen Ursachen gibt.

Flachstämmigkeit der Rebe (Grapevine flat trunk)

Die Krankheit wurde in Kalifornien, Süditalien, Israel und Ungarn beobachtet. Eine Übertragung durch Pfropfung gelang nur in Kalifornien. Die Stammquerschnitte kranker Reben sind elliptisch oder an gegenüberliegenden Seiten abgeflacht.

Der Erreger, sein Verhalten gegenüber der Hitzebehandlung und seine wirtschaftliche Bedeutung sind unbekannt.

Gelbsprenkelung der Rebe (Grapevine yellow speckle)[83,84]

Diese in Australien entdeckte Krankheit tritt an Reben auf, die schon seit langem im Land angebaut werden oder aus Kalifornien importiert wurden. Sie ist wahrscheinlich in der ganzen Welt weit verbreitet. Zur Ausprägung der Symptome scheint es allerdings nur unter ganz bestimmten klimatischen Bedingungen zu kommen. In Kalifornien wird die Gelbsprenkelung nur selten beobachtet. Die Symptome können an latent infizierten Reben im Gewächshaus, unter kontrollierten Temperaturbedingungen, hervorgerufen werden.

Die Gelbsprenkelung erkennt man an den über die Blattspreite verstreuten kleinen gelben Flecken. Ihre Zahl schwankt zwischen einigen wenigen Flecken auf ein oder zwei Blättern und einer großen Zahl ineinander übergehender Flecke, die große, gelbe, die ganze Spreite erfassende Zonen bilden können. Manchmal treten die Sprenkel gehäuft in Nähe der Adern erster und zweiter Ordnung auf. Es entstehen dann Muster, die an die vom Virus der Reisigkrankheit hervorgerufene Netzpanaschüre oder an die Adernvergilbung (yellow vein), die durch das Tomatenringfleckenvirus verursacht wird, erinnern. Die Gelbsprenkelung tritt spät auf; sie wird im allgemeinen erst im Spätsommer sichtbar. Die virulentesten Stämme lösen die Symptome früher aus, sie verstärken sich rasch und nehmen im Herbst eine weißliche Färbung an. Die Sorte Esparte (Syn.: Mataro, Mourvèdre) ist der beste Indikator. Das Virus wurde nicht isoliert, seine Eigenschaften sind nicht bekannt. Es kann durch Hitzebehandlung nicht eliminiert werden.

Marmorierung der Rebe (Grapevine fleck)[85-87]

Die Symptome der Marmorierung wurden bei der Indexierung auf *Vitis rupestris* St. George häufig mit jenen der Reisigkrankheit verwechselt. Dieses Virus kommt latent in zahlreichen Ertragssorten und Unterlagsreben auf der ganzen Welt vor.
Auf *Vitis rupestris*, insbesondere auf Rupestris du Lot oder St. George, die als Indikatoren verwendet werden, tritt die Marmorierung als Aufhellung der Adern dritter Ordnung[85,86] mit gleichzeitigem Aufwärtsrollen der Blattspreiten[87] und zuweilen beachtlichen Blattdeformationen auf. Das Virus wurde noch nicht isoliert. Es kann durch Wärmebehandlung ausgeschaltet werden. Seine beachtliche Ausbreitung ist wahrscheinlich der Tatsache zuzuschreiben, daß es auf *Vitis vinifera* und zahlreichen Unterlagsreben und Hybriden keine Symptome hervorruft.

Adernmosaik der Rebe (Grapevine vein mosaic)[88-90]

Das Adernmosaik wird in Frankreich an verschiedenen *Vitis-vinifera*-Sorten beobachtet. Es ruft ähnliche Symptome hervor wie das Virus der Reisigkrankheit. Versuche, dieses Virus oder ein anderes Nepovirus in Reben mit Symptomen des Adernmosaiks serologisch oder mit Hilfe der Testpflanzenmethode nachzuweisen, blieben ohne Erfolg. Das Adernmosaik wird daher als eine von der Reisigkrankheit unabhängige Virose angesehen. Es konnte auch nachgewiesen werden, daß es nichts mit der Marmorierung zu tun hat, welche an *Vitis vinifera* nie Symptome hervorruft. Das Adernmosaik zeigt dagegen sowohl an Hybriden als auch an *Vitis vinifera* Blattsymptome. Sie treten in Form eines blaßgrünen Mosaiks auf, das sich vorwiegend — aber nicht immer — in der Nähe der Blattnerven erster und zweiter Ordnung entwickelt. Vereinzelt gehen Teile der Spreite, die ein starkes Mosaik aufweisen, in Nekrosen über. Dies gilt vor allem für die als Indikator zum Nachweis des Adernmosaiks verwendete Unterlagsrebe *Vitis riparia* Gloire.[88,89] Auch die Hybride LN 33 ist ein guter Indikator. Die Krankheit wurde an zahlreichen alten *Vitis-vinifera*-Varietäten, seltener an Unterlagsreben, gefunden. Mit Hilfe der Indexierung konnte das Adernmosaik in einigen Neuzüchtungen festgestellt werden, die aus Samen hervorgegangen sind, ohne jemals gepfropft worden zu sein. Dies deutet auf eine Übertragung des Virus durch Samen oder, wenn man von der Pfropfung absieht, auf eine andere natürliche Weise hin. Die ersten Versuche einer Wärmebehandlung waren erfolglos.
Indexierungsversuche zeigen, daß das Adernmosaik sehr weit verbreitet ist. Verschiedene, in anderen europäischen Ländern (Bundesrepublik Deutschland, Schweiz, Rumänien, Bulgarien, Ungarn, UdSSR) beschriebene Mosaikarten, sind wahrscheinlich mit dieser Krankheit identisch. Eine in Australien unter der Bezeichnung «summer mottle» beschriebene Krankheit hat große Ähnlichkeit mit dem Adernmosaik.

Adernnekrose der Rebe (Grapevine vein necrosis)[91-93]

Sie wurde in Frankreich bei Pfropfversuchen mit verschiedenen Rebsorten gefunden und tritt vor allem bei der Unterlagsrebe *Vitis rupestris* X *V. Berlandieri* 110 R auf.[91,92]

Das Wachstum kranker Reben läßt sehr nach, und es bilden sich schwarze Nekrosen zunächst an den Adern der Blätter an der Triebbasis, später, je nach Wachstumsverlauf, auch an jüngeren Blättern. Im Gewächshaus beobachtet man im Frühjahr schwere Schocksymptome an Ranken.[93] An einem großen Teil der Triebe treten bräunliche Längsstreifen auf und schließlich vertrocknen ihre Spitzen. Sehr viele erkrankte Reben sterben ab, einige erholen sich auch.

Die Adernnekrose ist weit verbreitet; sie infiziert latent zahlreiche Rebsorten. Wahrscheinlich ist der Erreger ein Virus, er konnte allerdings noch nicht isoliert werden. Durch Thermotherapie kann er eliminiert werden. Die wirtschaftliche Bedeutung der Krankheit ist nicht bekannt.

Sternmosaik der Rebe (Grapevine asteroid mosaic)[94,95]

Das Sternmosaik wurde in Kalifornien beschrieben. Es verdankt seinen Namen der Tatsache, daß die hellen Flecke, die es auf den Blättern hervorruft, sternähnlich gezackt sind. Sie entstehen durch Verschmelzen von Teilen feiner Blattadern mit anliegendem Gewebe. In der Mitte der Flecke entstehen zuweilen Nekrosen. Kranke Blätter sind asymmetrisch und weisen oft entlang der Blattadern Kräuselungen auf. Im Sommer mildern sich die Symptome. Der Ertrag ist sehr mäßig oder gleich Null. Erkrankte Reben sind schwachwüchsig. Beim Indikator *Vitis rupestris* St. George erscheinen 1-2 Monate nach dem Pfropfen schmale, cremefarbene Bänder entlang der Hauptadern.[95] Blätter, die diese Symptome aufweisen, sind verunstaltet und kleiner als gesunde. Die Eigenschaften des Virus sind nicht bekannt. Das Sternmosaik ist wenig verbreitet, seine wirtschaftliche Bedeutung ist daher beschränkt.

Infektiöse Nekrose der Rebe (Grapevine infectious necrosis)[98,99]

Die Krankheit wurde in der Tschechoslowakei beschrieben, wo sie hauptsächlich an Amerikaner-Unterlagsreben auftritt. Das erste Symptom ist eine Asymmetrie der Spreite.[98] Später vergilbt das Gewebe zwischen den Adern zweiter und dritter Ordnung, stirbt ab, vertrocknet und fällt schließlich heraus, wodurch Löcher in der Spreite entstehen.[99] Vom Blatt bleiben manchmal nur die Adern übrig, in deren unmittelbaren Umgebung Reste des Spreitengewebes erhalten bleiben.

Die Symptome der Infektiösen Nekrose und die des Zinkmangels sehen sehr ähnlich aus.

Triebnekrose der Rebe (Grapevine shoot necrosis)[100-102]

Diese Krankheit, die nicht mit der Adernnekrose verwechselt werden darf, wurde bisher nur in Italien beobachtet u. zw. an der Sorte Corniola (Razaki). In Apulien findet man die Triebnekrose an allen Reben dieser Sorte.

Die Krankheit tritt in Form kleiner brauner Flecke und eingefallener Streifen auf, die sich zu Beginn der Vegetation an der Triebbasis entwickeln.[100] Flecke und Vertiefungen können sich ausweiten, vereinigen und ausgedehnte nekrotische Zonen mit Rissen in der Rinde bilden.[102] Die Blätter sind im Frühjahr bleich. Ein Teil der erkrankten Triebe stirbt ab.[101] Der Ertrag ist gering, die Trauben weisen aber weder Durchrieselerscheinungen noch Beeren geringer Qualität auf.

Die Ursache der Krankheit ist nicht bekannt; sie wird durch Pfropfung übertragen. An kranken Rebstöcken findet man stets Symptome der Holzrunzeligkeit: sie sind immer mit dem Virus der Reisigkrankheit infiziert.

Durch intrazelluläre Prokaryonten (Mikroorganismen des Typs Mycoplasma und Rickettsia) verursachte Krankheiten

Einige Rebenkrankheiten, die einst als Virosen angesehen wurden, scheinen durch prokaryotische Mikroorganismen des Typs Mycoplasma oder Rickettsia hervorgerufen zu werden: die flavescence dorée, die Schwarzholzkrankheit und die Pierce'sche Krankheit. Obgleich der Erreger der Schwarzholzkrankheit noch nicht nachgewiesen worden ist, kann die Krankheit aufgrund der Symptomgleichheit zu dieser Gruppe gezählt werden.

Goldgelbe Vergilbung (Flavescence dorée)[106-112]

Diese Bezeichnung wird heute nur auf Krankheiten angewendet, die mit den pathologischen Erscheinungen identisch sind, welche sich zwischen 1949 und 1955 epidemisch im Südwesten Frankreichs ausbreiteten und in Armagnac schwere Schäden an Baco 22 A verursachten. Eine schwere Epidemie wütet z. Zt. auf Korsika. Die flavescence dorée scheint auch in anderen Ländern vorzukommen, namentlich in Italien, wo die gleichen Symptome beobachtet worden sind. Verwechslungen mit der Schwarzholzkrankheit (siehe unten) oder anderen Krankheiten sind möglich.
In Armagnac erscheinen die ersten Symptome im Juni. Das Triebwachstum ist beeinträchtigt, die Internodien bleiben kurz und die Blattspreiten rollen sich nach unten ein.[106,109] Im Laufe des Sommers nimmt das Rollen der Blätter zu, und sie werden zudem spröde. Bei weißen Sorten kommt es zu einer fleckweisen Vergilbung,[108,112] bei roten zu einer mehr oder weniger ausgeprägten Rötung der gesamten Spreite. Das einjährige Holz erkrankter Reben reift ungleichmäßig oder überhaupt nicht. Manchmal reißt die Rinde der Länge nach auf. Erscheinen die Symptome schon frühzeitig, vertrocknen die Gescheine,[109] manchmal vor dem Blühen. Bei späterer Erkrankung verwelken die Trauben, und die Beeren fallen beim leichtesten Schütteln zu Boden.
Der Erreger der flavescence dorée scheint ein Mikroorganismus des Typs Mycoplasma zu sein. Er wird durch die Zikade *Scaphoideus littoralis* übertragen. Im Südwesten Frankreichs wird die Krankheit durch großflächige Insektizidspritzungen bekämpft. Die kranken Reben genesen und bleiben gesund, wenn sie nicht erneut infiziert werden. Mit Hilfe von *Scaphoideus littoralis* wurde der Erreger der flavescence dorée auf zahlreiche krautige Pflanzen übertragen.

Schwarzholzkrankheit (Black wood disease, bois noir)[113-124]

Die Krankheit kommt im französischen Jura sowie im Aube und in der Bourgogne vor.[113,114] Wahrscheinlich sind die in der Bundesrepublik Deutschland, in der Schweiz, in Rumänien, Israel, Chile und in Neuseeland unter den Bezeichnungen Goldgelbe Vergilbung und Vergilbungskrankheit beschriebenen pathologischen Erscheinungen der Schwarzholzkrankheit ähnlich.[115-124] Von der flavescence dorée unterscheidet sich die Schwarzholzkrankheit durch ein viel langsameres Fortschreiten der Symptome sowie durch ihren nur in geringem Maße epidemischen Charakter. Im übrigen sind die Merkmale der beiden Krankheiten sehr ähnlich. Der Erreger der Schwarzholzkrankheit ist nicht bekannt; er ist durch *Scaphoideus littoralis* nicht übertragbar. Der Name «Schwarzholzkrankheit» beruht auf der Tatsache, daß die mangelhaft ausgereiften Triebe kranker Rebstöcke sich im Winter schwarz färben (bois noir).

Pierce'sche Krankheit (Pierce's disease)[125-129]

Die Krankheit wurde nur in Nordamerika nachgewiesen. Sie hat in Mexiko (Parras, Coahuila) und in den USA (Kalifornien, Texas, Südkarolina) seit Ende des 19. Jahrhunderts periodenweise schwere Schäden an Rebanlagen verursacht. Im Frühjahr ist das Wachstum kranker Reben vermindert. Ab Mitte Juni beginnen die Blattränder zu vertrocknen. Das Verdorren setzt teils plötzlich an grünen Spreiten ein,[128] teils nach vorausgegangener Ausbleichung ihrer Ränder.[127] Stark geschädigte Spreiten lösen sich vom Stiel, der am Trieb haften bleibt. Schon vor der Reife beginnen die Trauben zu welken. Die Triebe reifen entweder überhaupt nicht oder ungleichmäßig, in Form brauner Flecke unterschiedlicher Ausdehnung. Der Erreger der Pierce'schen Krankheit kann Luzerne und verschiedene andere krautige und holzige Pflanzen infizieren. Er kann von verschiedenen Zwerg- und Schaumzikaden übertragen werden. Eine dieser Arten, *Philaenus spumarius*, kommt auch in Europa vor.

Lange wurde die Pierce'sche Krankheit als eine Virose angesehen. Nach neueren Untersuchungsergebnissen scheint der Erreger ein gramnegatives Bakterium des Typs *Rickettsia* zu sein. Bekämpfungsmöglichkeiten sind nicht bekannt. Die Verwendung toleranter oder resistenter Sorten wird empfohlen.

Mögliche Verwechslungen zwischen Virosen und anderen Krankheiten, Schädigungen und Anomalien an Reben

Symptome, die an Reben durch Viren oder durch Mikroorganismen des Typs Mycoplasma oder *Rickettsia* hervorgerufen werden, können mit folgenden Schädigungen anderen Ursprungs verwechselt werden:

— Bakterien- und Pilzkrankheiten,[130-139]
— Ernährungsstörungen,[140-153]
— durch meteorologische Ereignisse verursachte Schäden (Frost, Sonnenbrand, Trockenheit).[154]
— genetisch bedingte Anomalien,[155-157]
— durch Herbizide[159-168] und Pflanzenschutzmittel[169-172] verursachte Schäden,
— durch Milben und Insekten verursachte Schädigungen.[173-186]

Diese Verwechslungsmöglichkeiten erschweren häufig die Diagnose im Freiland, ja sogar in den Indexierungsparzellen.
Nachfolgend einige Beispiele für die wichtigsten möglichen Verwechslungen.

Reisigkrankheit (Fanleaf)[1-31]

Sehr kurze Internodien,[13] Doppelknoten[13] und Verbänderungen,[12,13] die bei den virulentesten Formen der Reisigkrankheit beobachtet werden, können auch durch akuten Bormangel verursacht werden.
Die Milbe *Calepitrimerus vitis* hemmt im Frühjahr, nach dem Austrieb, die Sproßentfaltung, was zu sehr kurzen Internodien führt.[178] In älteren Veröffentlichungen, vor allem in der Schweiz, wird das Symptom «court-noué» genannt, Name, der im heutigen französischen Sprachgebrauch dem durch das fanleaf virus ausgelösten Syndrom der Reisigkrankheit vorbehalten ist. Die Blätter der durch die Milbe befallenen Triebe sind stark deformiert.[177,178]
Kurze Internodien und deformierte Blätter können auch durch Thrips,[185,186] namentlich *Drepanothrips reuteri* und *Anaphothrips vitis*, verursacht werden.
Der Pilz *Eutypa armeniacae*, der sich im alten Holz entwickelt, verursacht ein fortschreitendes Absterben der Rebstöcke und ein Verkümmern der Triebe, das in ähnlicher Form auch durch sehr virulente Stämme des Erregers der Reisigkrankheit ausgelöst wird. Die Blätter sind klein und deformiert.[134]
Blattdeformationen, die eine gewisse Ähnlichkeit mit jenen der Reisigkrankheit und der Enationenkrankheit haben, werden durch Bormangel[142] und Zinkmangel[152,153] hervorgerufen. Auf die Ähnlichkeiten zwischen den Blattsymptomen der infektiösen Nekrose[98,99] und des Zinkmangels[152,153] wurde bereits hingewiesen.
Genetisch bedingte Trieb- und Blattdeformationen, die den Symptomen der Reisigkrankheit ähneln, können häufig an Sämlingen beobachtet werden.

Herbizide auf Wuchsstoffbasis,[168] wie 2,4-D oder 2,4,5-T, können Formveränderungen an Rebblättern verursachen, die an bestimmte Symptome der Reisigkrankheit erinnern.

Das durch das Virus der Reisigkrankheit und andere Nepoviren verursachte Durchrieseln[33,40] kann leicht mit Befruchtungsstörungen physiologischen Ursprungs verwechselt werden. Bormangel und Zinkmangel verursachen ebenfalls Durchrieseln bzw. Kleinbeerigkeit (millerandage).

Die verschiedenen Panaschüremuster, die durch die Viren der Reisigkrankheit,[16-31] des Arabismosaiks,[32-35] des Tomatenringfleckenvirus[39,41,42] und andere Nepoviren[47] ausgelöst werden, können mit den Symptomen folgender Krankheiten und Schädigungen verwechselt werden:

— Gelbsprenkelung (yellow speckle),[83,84]
— flavescence dorée[106, 108, 112] und der Schwarzholzkrankheit[120-122] an weißen Rebsorten,
— durch *Empoasca flavescens* (und wahrscheinlich andere *Empoasca*arten) an weißen Rebsorten verursachte Schäden,[182]
— durch Eisenmangel verursachte Chlorose (Kalkchlorose)[150, 151] und Manganmangel,[147]
— durch bestimmte Herbizide verursachte Farbdefekte (Monuron,[163] Diuron),
— Panaschüren genetischen Ursprungs,[156,157]
— Frostschäden.[154]

Blattrollkrankheit (Leafroll)[54-63]

Bei roten Rebsorten kann die Blattrollkrankheit[54-56] verwechselt werden mit den:

— Schäden, verursacht durch die Zikade *Ceresa bubalus*,[183]
— Schäden durch *Empoasca flavescens*[181] und wahrscheinlich andere Empoascaarten,
— Schäden durch verschiedene Milbenarten,[173,176]
— Symptomen der flavescence dorée und der Schwarzholzkrankheit,[123]
— Symptomen des Magnesium-,[146] Kalium-[149] und Bormangels,[142]
— Schäden durch phytotoxische Wirkung bestimmter Pflanzenschutzmittel.[169,170]

Bei weißen Sorten kann die Blattrollkrankheit[57-60] mit der flavescence dorée[106-112] und der Schwarzholzkrankheit[113,114,120,124] sowie mit Magnesium-,[145] Kalium-[149] und Bormangel[140] verwechselt werden.

Korkrindenkrankheit (Corky bark)[64-69]

Die Symptome dieser Krankheit können mit den Längsrissen verwechselt werden, die bei Bormangel[143] in der Rinde entstehen sowie mit der Triebnekrose,[100-102] der Bakteriennekrose (maladie d'Oléron, Tsilik marasi)[130-133] und der Schwarzfleckenkrankheit.[135] Die Holzrunzeligkeit[72-82] und die Korkrindenkrankheit[64-69] verursachen in bestimmten Fällen ähnliche Symptome.

Gelbsprenkelung (Yellow speckle)[83,84]

Sie kann mit der gewöhnlichen Panaschüre,[16-24] der Adernbänderung (veinbanding),[25,27,28] der Adernvergilbung (yellow vein),[39,41,42] dem Chrommosaik (chrome mosaic)[47] und dem Adernmosaik[88-90] verwechselt werden.

Marmorierung der Rebe (Fleck)[85-87]

Adernaufhellungen wie bei der Marmorierung treten bei manchen Rebsorten, z. B. an Blättern des Weißen Gutedel, auch ohne jede Virusinfektion auf. Es handelt sich hierbei wahrscheinlich um ein genetisch bedingtes Sortenmerkmal.[155]

Adernmosaik (Vein mosaic)[88-90]

Verwechslungen sind möglich mit dem grünen[11] oder gelben Mosaik (gewöhnliche Panaschüre und Adernbänderung),[16-31] die durch das Fanleaf-Virus oder durch andere Nepoviren verursacht werden, mit der Gelbsprenkelung[83,84] sowie mit den durch das Luzernemosaikvirus verursachten Symptomen.[52,53]

Flavescence dorée [106-112] und Schwarzholzkrankheit [113-124]
(Flavescence dorée, black wood disease)

Die Symptome der beiden Krankheiten können mit jenen der Blattrollkrankheit,[54-60] der Pierce'schen Krankheit[125-129] und des Bormangels[140-143] verwechselt werden. Bei weißen Rebsorten können die gelben Flecke, die sich auf den Blattspreiten entwickeln, zu Verwechslungen mit den Symptomen der Panaschüre,[16-31] der Adernvergil-bung[39,41,42] (yellow vein) und dem Chrommosaik[46,47] führen. Die Rotfärbung bei roten Sorten kann mit ähnlichen, durch andere Ursachen hervorgerufenen Symptomen, verwechselt werden:

— Einschnürungen oder Verletzungen des Stämmchens oder der Triebe,
— Unverträglichkeit zwischen Edelreis und Unterlage,[158]
— Korkrindenkrankheit,[64-69]
— infektiöse Chlorose und Rotfärbung der Spätburgunderblätter,[70,71]
— Schäden durch bestimmte Pflanzenschutzmittel.[169,170]

Pierce'sche Krankheit (Pierce's disease)[125-129]

Ihre Symptome können mit folgenden Krankheiten verwechselt werden:

— Esca (*Stereum hirsutum, Phellinus igniarius*)[136,137]
— Wurzelfäule durch *Phymatotrichum omnivorum*,[138,139]
— Roter Brenner (*Pseudopeziza tracheiphila*).

INTRODUCTION

About twenty viruses have been isolated from grapevines and characterized. The agents of about ten diseases that are suspected to be virus diseases have not yet been isolated. For practical purposes, we shall refer to them as viruses. A few diseases previously thought to be induced by viruses are now considered to be caused by procaryote microorganisms of the *Mycoplasma* or *Rickettsia* type.

Some of the viruses, for example fanleaf and leafroll viruses, cause great crop losses and/or lower fruit quality. They are widespread throughout the vineyards of the world.

A few viruses cause great losses locally but because their geographic distribution is limited, they have limited economic importance.

Some viruses are widespread but are only mildly pathogenic or cause few or no symptoms in most of the grapevine cultivars. They can be detected by specific tests. Their economic importance has yet to be evaluated.

Other viruses already known in other host plants, for example tobacco mosaic, tobacco necrosis, tomato bushy stunt and sowbane mosaic viruses have been isolated occasionally from grapevines in which they are latent. Their effects on grapevines are not known. They appear to have little economic importance.

Certainly most viruses, if not all, can be detected in grapevines by certain specific tests. Detection is largely based on symptoms produced by the pathogen either on the cultivar itself or on another more sensitive cultivar or *Vitis* species called the *indicator* plant. The viruses of the plant under study are transmitted by grafting to the grapevine indicator plant. Some viruses can be transmitted mechanically to herbaceous indicator plants. For example, fanleaf virus is transmissible mechanically to *Chenopodium quinoa*, *Gomphrena globosa* and several other herbaceous hosts and there may cause rather specific symptoms within a few days. Furthermore, the virus can be identified in sap of the herbaceous host by serology. The most sensitive serological methods can be used to identify viruses directly in extracts of infected grapevine tissues.

A good knowledge of symptoms produced by viruses and other pathogens similar to viruses on grapevine fruiting and rootstock cultivars is essential for anybody who wishes to work on sanitary selection in viticulture. It is also important to know the symptoms of other diseases, pest damage, nutritional deficiencies and other abnormalities that can be confused with virus symptoms.

The book contains a brief description of the essential symptoms of the most important diseases of grapevine caused by viruses, *Mycoplasma* and *Rickettsia*-like microorganisms. It points out diagnostic problems one may have with symptoms produced by other causes.

The most important virus diseases of grapevine

In this text, the viruses that are known to infect grapevine are divided into four groups according to their mode of transmission.

The first group contains viruses transmitted by nematodes that live in the soil.[1-47]* The most important of them is the grapevine fanleaf virus. This group is called Nepovirus (NE for nematode, PO for polyhedral, because of the shape of the particles). They can be transmitted by mechanical inoculation to herbaceous hosts, detected and identified by serology. The nematode vectors are known for most of them and they belong to the genera *Xiphinema* and *Longidorus*.

The second group contains two viruses transmitted by soil fungi. Their economic importance is very small.

The third group has two viruses that are transmitted by aphids: alfalfa mosaic[52-53] and broad bean wilt viruses. Their economic importance to viticulture is not yet known, however it is probably not very great.

The fourth group contains viruses whose mode of transmission is not known. In most cases, the virus itself has not been isolated and its properties are not known.

Table I (p. 170) summarizes the main properties of grapevine viruses and virus diseases. Following below is a description of each of the most important virus diseases.

1. SOIL-BORNE VIRUSES TRANSMITTED BY NEMATODES (NEPOVIRUSES)[1-47]

These viruses are polyhedral and have a diameter of about 30 nm (1 nm = 1 nanometer = 1/1 000 000 mm). The nematode vectors acquire the virus by feeding on roots of diseased grapevines. Roots left over after uprooting of infected vineyards may remain alive for a long period and provide a source of virus for the vectors, thus maintaining the infectivity of the soil. The nematode vectors may retain the virus for some months. They spread the disease locally from grapevine to grapevine often in somewhat circular areas. Infective vectors may be spread with rootings from nurseries and in soil by water from flooding and/or irrigation. Many of the Nepoviruses may be transmitted to weed hosts and some are seed-borne in weeds. Seed from infected weeds may spread virus to new areas.

Long distance spread of Nepoviruses occurs in the transfer of grapevine rootings, cuttings and graftwood.

---

* The numbers refer to the colour photographs (pages 64-159).

Grapevine fanleaf virus[1-31]

The virus occurs in all viticultural areas of the world. It is the most important virus of grapevine. It can infect all the cultivars, including the rootstocks derived from North American *Vitis* species or *Vitis vinifera* and/or hybrids.

Fanleaf virus affects productivity and longevity of grapevines. Symptoms vary in type and severity according to the strain(s) present in the plant. The infection can cause a quick destruction of the plant or cause a decline over several years.

The main symptoms are:

On the canes: double nodes,[13] short internodes,[13] abnormal branching[13] and fasciations,[12,13] zigzag growth. These symptoms, however, are not specific for fanleaf. They can be caused by other Nepoviruses, by viruses not included in the Nepovirus group (for instance Joannes-Seyve virus), and by several other causes. Furthermore, fasciations, double nodes and short internodes can occur on healthy grapevines. In several cultivars of *Vitis vinifera*, the common occurrence of short internodes and double nodes is a varietal characteristic that is genetically inherited (Ugni blanc, Riesling, Pinot, etc.).

On the leaves: deformations of various types, enlarged petiolar sinus, primary veins gathered having the shape of a fan, blade often asymmetrical, with acute denticulations, irregular veins and various patterns of chlorotic mottles.[1-9,11] Yellow mosaic and veinbanding diseases usually cause little malformation of the leaves, which show various patterns of bright yellow discolorations[16,19-24] varying from a few scattered spots to the yellowing of the entire leaf.[17,18] The yellowing is sometimes localized along the veins (veinbanding).[25,27,28] Leaves on vines recently infected show chlorotic spots, irregular chlorotic lines and rings (primary symptoms).[10] Similar symptoms can be caused by other viruses.

On the bunches: the number and size of the bunches is smaller than on healthy plants. The berries very often fail to develop (dropping off) or remain small and seedless (shot berries, millerandage). Both conditions are important symptoms of fanleaf and other Nepoviruses,[33,40] but they are not specific.

On the roots: the root system of infected plants is less developed than that of healthy ones.

Internal symptoms: trabeculae or "cordons" can be seen in sections of lignified shoots. They are more abundant in cells of the basal internodes, appearing as radial bars.[14,15] Their presence is useful for diagnosis, especially in American rootstocks, but their absence is no proof of freedom from viruses.

Fanleaf virus is transmitted by the nematodes *Xiphinema index* and *Xiphinema italiae*. It has been shown experimentally to be seed-borne in some herbaceous hosts used as test-plants, but no natural infection has been recorded so far on weeds in the vineyard. The virus is not seed-borne in grapes.

The virus can be eliminated by heat treatment of infected grape plants: 4 to 6 weeks at 37-38° C is sufficient.

Arabis mosaic virus[32-35]

This virus is serologically related to fanleaf virus. It has been found in grapevine in West

Germany, France, Switzerland, Bulgaria, Yugoslavia, Hungary and in Japan. Symptoms are similar to those of fanleaf, and mixed infections with fanleaf may occur. Arabis mosaic virus can infect many woody and herbaceous plants. Vectors of the virus to many plants are the nematodes *Xiphinema diversicaudatum*, *Xiphinema coxi* and *Longidorus caespiticola*. *Xiphinema diversicaudatum* can transmit the virus to grapevine, but *Xiphinema index* cannot.

Tomato black ring virus [36]

This virus has been found in grapevine only in West Germany. It produces a reduction in growth, a mottling of older leaves and a yellowing of the edges of the leaf blade. In recently infected plants, the leaves show chlorotic spots, rings or lines. A high percentage of graft failure is common with infected rootstock. The nematode *Longidorus attenuatus* can transmit the virus to grapevine.

Raspberry ringspot virus [37]

The virus has been found in grapevine in West Germany. The symptoms are very similar to those of fanleaf. The nematode *Longidorus macrosoma*, which is known as one of the vectors of this virus on other plants, has been found in infected vineyards but its ability to transmit the virus to grapevine has not been demonstrated experimentally.

Strawberry latent ringspot virus [38]

This virus has been isolated from grapevines in West Germany (Palatinate). The symptoms on affected cultivars (Sylvaner and other *Vitis vinifera*) were of the fanleaf type. The economic importance and the distribution of this virus in the vineyards are not known.

Tomato ringspot virus, grapevine yellow vein [40-45]

A strain of tomato ringspot virus has been found in grapevine in California, causing the yellow vein disease. Other strains have been found in the State of New York, USA and in Ontario, Canada.

Here are the main symptoms:

In California (yellow vein): small speckled spots develop on the leaves, mainly along the veins. At first they are yellow in the spring, later they turn to cream or whitish in summer.[41,42] Flower dropping, millerandage[40] (seedless berries) as with fanleaf virus are prime symptoms. On diseased vines, crop yield is low and often nil.

In New York State: stunting of the vines, small irregular leaves, sometimes fan-shaped, chlorotic spots on younger leaves, dropping off, low yield and generalized decline characterize the disease.[43]

In Ontario: tomato ringspot virus causes short internodes, stem rosetting, yellowing and rolling of the leaves, severe stunting of the vine and severe loss of crop on the cultivar De Chaunac (Seibel 9549).[44,45]

The nematode vector of tomato ringspot virus is *Xiphinema americanum*. Proof that this nematode transmits the virus from grapevine to grapevine has not been demonstrated experimentally.

Tobacco ringspot virus

This virus has been found in grapevines of northeastern North America. There it induces symptoms similar to those of tomato ringspot virus. The vector of tobacco ringspot virus is *Xiphinema americanum*, but the role of this nematode in the transmission of the virus to grapevine has not been demonstrated experimentally.

Peach rosette mosaic virus

The virus is known to cause a disease of peach and grapevines of the cultivar Concord (*Vitis labrusca*) in the State of Michigan, USA, and in southwestern Ontario, Canada. The disease occurs mainly in soils previously planted with infected peach trees, but it can also occur in grapes several years after planting in previously fallow ground, when certain weed hosts were present. Peach rosette mosaic virus has been found in roots of Carolina horsenettle (*Solanum carolinense*), curly dock (*Rumex crispus*) and common dandelion (*Taraxacum officinale*). The virus is seed-borne in dandelion and in grapevine. The buds of infected grapevines burst out 2 to 3 weeks later than those of healthy vines. Leaf blades are often asymmetrical and slightly mottled. Bunches are loose and many of the berries fall to the ground prematurely. Cane growth is usually weak and internodes are short and crooked.

The virus is transmitted to peach trees and grapevines by the nematode *Xiphinema americanum*.

Grapevine chrome mosaic virus [46,47]

Grapevine chrome mosaic occurs in Hungary, near Lake Balaton. The symptoms include chrome-yellow to whitish discolorations of the leaves, lack of vigour, unfruit-fulness, short internodes, double nodes and trabeculae. Some strains of the virus induce malformations and chlorotic mottling of the leaves. There are also symptomless strains of the virus. A virus with polyhedral particles has been isolated from infected vines. It has properties that are typical of the Nepovirus group, and is distantly related serologically with tomato black ring virus.

The vector of chrome mosaic virus is not known for certain, but the disease appears to be soil-borne.

Artichoke Italian latent virus

So far, this virus has been found only on one occasion in grapevines, in Bulgaria. It is common in Southern Italy, where it infects several vegetable crops, ornamentals and weeds, and is transmitted by the nematode *Longidorus apulus*.

Grapevine Bulgarian latent virus

The grapevine Bulgarian latent virus is widespread in Bulgaria. It infects several cultivars without symptoms and is transmissible to several herbaceous hosts by mechanical inoculation. The particles have a diameter of about 30 nm.

Viruses serologically related to the Bulgarian latent virus have been found in grapevines in Portugal and in the State of New York (USA).

Because of its properties, the grapevine Bulgarian latent virus can be regarded as a likely member of the Nepovirus group, although its vector is not yet known.

Grapevine enation [48-50]

Enation of the grapevine has been recorded in Italy, West Germany, France, Spain, Hungary, Czechoslovakia, Bulgaria, Greece, Turkey, USSR, California (USA), Venezuela, South Africa, New Zealand and Australia. It can occur on several *Vitis vinifera* cultivars and on American rootstocks. The buds burst out late in the spring, shoots develop slowly, giving the plant a bushy appearance. Later, growth is more vigourous and normal again. Enations develop mostly on the underside of the leaf and on the leaves at the base of the shoots.[48,49] They are leaf outgrowths of various shapes, 2-3 mm high and 3-5 mm long, sometimes even longer, more or less parallel to the main veins. Enation-bearing leaves may be severely misshapen, often in the form of a fan, and deeply laciniated. The most severely affected leaves drop prematurely. Double nodes and very short internodes appear at the base of the shoots and/or canes. The bark at the base of shoots and/or canes is often cracked longitudinally between the nodes. Fanleaf virus is often found associated with enation disease. Several authors consider enation to be a symptom of a particularly virulent strain of fanleaf. However, cases are reported where no virus transmissible by mechanical inoculation could be recovered from enation-affected vines.

2. VIRUSES TRANSMITTED BY SOIL FUNGI

Tobacco necrosis virus has been found in grapevines in South Africa, and tomato bushy stunt virus in West Germany, Italy, Bulgaria and Czechoslovakia. Their economic importance appears to be small.

The fungus *Olpidium brassicae*, vector of tobacco necrosis virus to many plants, is also a suspect vector of tomato bushy stunt virus, but its capacity to transmit these viruses to grapevine has not been demonstrated experimentally.

3. VIRUSES TRANSMITTED BY APHIDS

Alfalfa mosaic virus has been found in grapevines in West Germany, Switzerland, Czechoslovakia, Hungary and Bulgaria. It produces chlorotic patterns on the leaves, with rings, lines and spots of various shapes.[52,53]

Broad bean wilt virus, found in several grapevine cultivars in Bulgaria, was associated there with mosaic symptoms of the leaves.

In both cases, the symptoms are not severe, but the fact that common viruses transmitted by aerial vectors can infect grapevines may be important as it relates to the problem of keeping healthy grapevine material free of contamination.

The vectors that transmit these two viruses to grapevine are not known.

4. VIRUSES WITHOUT KNOWN VECTOR

This group contains a few viruses with known and well characterized particles, and also several diseases of which the viral nature is postulated, but not demonstrated. We shall divide it into two subgroups.

a) VIRUSES WITHOUT KNOWN VECTOR, BUT WHOSE PARTICLES ARE KNOWN

Joannes-Seyve virus [96,97]

This virus has been found in Ontario, Canada, where it induces a severe disease on the cultivar Joannes-Seyve (26-205). The symptoms are very similar to those of fanleaf: short internodes, stunting, mottled leaves with line pattern and feathery veins, sometimes chrome-yellow banding of the veins, leaf blade often asymmetrical with large petiolar sinus, prominent teeth and dropping off. The virus can be transmitted by mechanical inoculation to herbaceous hosts and has polyhedral particles of about 26 nm in diameter. It is not related serologically to any of the Nepoviruses, and has biophysical properties that differ from those of the Nepoviruses. The disease is locally important.

Bratislava mosaic virus [51]

Bratislava mosaic has been observed in South and Southeast Czechoslovakia. The symptoms are similar to those of yellow mosaic, but less pronounced. Diseased vines are little affected in their growth, but they produce very low yields. The virus has spherical particles and can be transmitted to herbaceous hosts. The vector is not known.

Sowbane mosaic virus and tobacco mosaic virus

The first of these two viruses has been found in grapevines in West Germany and in Czechoslovakia, the second in USA (New York), West Germany, Italy, Bulgaria, Yugoslavia and USSR. Both of them produce no symptoms on grapevines and have probably little economic importance.

b) VIRUSES WHOSE VECTORS AND PARTICLES ARE NOT KNOWN

The diseases of this group are caused by pathogens which have not been isolated or characterized. Their virus nature is postulated on the grounds of graft transmission and similarity of symptoms with those of other virus diseases.

Grapevine leafroll [54-63]

Leafroll is one of the most important virus diseases of grapevine and the most widespread. It is present in all viticultural countries of the world. It can infect all cultivars and rootstocks. Symptoms are most conspicuous on red cultivars of *Vitis vinifera*. Here are the main symptoms:

On red cultivars of *Vitis vinifera*, beginning in June or July, depending on the climate, reddish spots appear on the lower leaves.[54] During the summer these spots enlarge and coalesce, and all the surface of the leaf becomes reddish, except for a narrow band of 2-3 mm which remains green along primary and secondary veins.[55] The leaf blade becomes thick, brittle and rolls downwards. Starting at the base of a cane, leaf rolling and leaf reddening progress with the growth. At the end of summer, most of the foliage bear these symptoms.[56] In autumn, some of the severely affected leaves may show necrotic areas on the upper epidermis, as in the case of potassium deficiency. Often, berries of infected vines mature late and irregularly.[61-63] With many cultivars, the fruit of diseased vines is inferior in quantity and quality and low in sugar. The vigour is lower and in propagation the percentage of graft take is lower than with healthy material.

On white cultivars of *Vitis vinifera*, the symptoms differ only by the fact that the leaves do not become reddish, but only slightly chlorotic.[57-60] The detection of the disease is therefore more difficult.

On rootstocks, the virus is usually latent. The risk of disseminating the virus in rootstocks is therefore greater.

The symptoms of leafroll have considerable variation due to the fact that there are many apparent strains and to the influence of climate on symptom expression.

A filamentous virus with properties typical of the Potyvirus group has been isolated from leafroll-infected grapevines by virologists in Israel, and it has been suggested that this virus could be the causal agent of this disease. However, this work needs to be confirmed by research in other Institutes.

Grapevine leafroll virus can be eliminated by heat treatment.

Grapevine corky bark [64-69]

Corky bark has been observed in California, Mexico, Brazil, France, Spain, Switzerland, Italy, Yugoslavia, Bulgaria, South Africa and Japan. It is probably more widespread. On most cultivars, the pathogen produces only a reduction of vigour. On Palomino, Petite Sirah,[69] Mondeuse,[65] Cabernet franc and Gamay, it induces, in California, a growth retardation at leaf burst and dieback of a few shoots. Some canes of a diseased plants are soft and rubbery, have longitudinal cracks at the base and tend to bend downwards. Leaves are often smaller than normal and on red cultivars turn red and roll downwards during summer. Red leaves of corky bark affected vines differ from leafroll symptoms in that all the surface of the leaf blade is coloured, including the veins.[64,68] In autumn, the leaves persist later than those of healthy plants. On the indicator grapevine cultivar LN 33 (Couderc 1613 X Thompson seedless), in addition to the above mentioned symptoms, an abnormal corky overgrowth of bark with longitudinal cracks develops in areas on canes under which occur deep pitting and grooving of the wood.[64,66,67]

The agent of corky bark is not known. It can be eliminated by heat treatment.

Infectious chlorosis and leaf reddening of Pinot noir [70,71]

So far, this disease, which has some similarities with corky bark, has been recorded only in France. It occurred occasionally on Pinot noir when this cultivar was graft-inoculated with material originating from Cinsaut droit which showed no signs of disease.

There is a strong growth depression. The leaves are first chlorotic, and turn red-violet as they age. This purplish discoloration extends to the whole leaf blade and the veins, as in the case of corky bark. The leaves drop prematurely in autumn. Branches two-year-old or older show bark swelling and splitting, resulting in a ringing and brittleness. The grapes mature earlier than on healthy plants, and the yield is low.

Grapevine stem pitting (legno riccio) [72-82]

Stem pitting (also called wood pitting or stem grooving) has been recorded in Italy, France, Switzerland, Spain, Portugal, Yugoslavia, Hungary, Bulgaria, Rumania, Czechoslovakia, USSR, Greece, Israel, Jordan, South Africa, USA and Venezuela. It is probably present in most viticultural areas of the world. Its pathogenic effects are more or less severe.

In most cases, but not all, symptoms of stem pitting occur only on the American rootstock.[73,74] The virus is latent in many European cultivars of grapevine. However, there are several cases where severe symptoms of stem pitting appear on own-rooted *Vitis vinifera*.

Infected plants lack in vigour. The opening of buds is sometimes delayed in the spring. A swelling is often observed above the graft union. Typical symptoms of the disease show on the open faces when the bark is lifted and separated from the wood: longitudinal pits and grooves become clearly visible on the surface of the wood and in inversed relief in the bark.[81,82] The surfaces appear wrinkled. If the scion cultivar is tolerant to the virus, symptoms are limited to the rootstock.

In Italy, some cultivars (e.g. Ohanez,[72] Italia,[75,77] Regina, Montepulciano, Corniola) are very sensitive. Other cultivars (e.g. Panse precoce, Cardinal, Aglianico, Moscato d'Amburgo) seem to be tolerant as they do not show pitting or grooving of the scion.

Stem pitting causes dwarfing of the vines, reduces yield to a considerable extent and shortens the life of the plants.

In California, stem pitting and corky bark are very similar and are indistinguishable on the indicator plant LN 33. The causal agent is not known.

In some areas fanleaf virus is consistently associated with the disease. In Italy and southern France there is evidence that stem pitting spreads in the field like fanleaf virus when the nematode *Xiphinema index* is present. In Switzerland, north of France and California, however, there was no evidence of the presence of fanleaf virus in vines with severe symptoms of stem pitting.

It cannot be excluded that there are several types of stem pitting each perhaps with distinct etiologies.

Grapevine flat trunk

The disease has been observed in California (USA), Southern Italy, Israel and Hungary. Graft transmission has been reported only in California.

The grapevine trunk becomes elliptical or flattish on opposite sides.
The agent, effects of heat treatment and economic importance are not known.

Grapevine yellow speckle [83,84]

This disease was discovered in Australia in cultivars of long culture there and in cultivars introduced from California. It is probably widely disseminated in the world. Symptom expression seems to require particular climatic conditions. Symptoms of yellow speckle are rarely observed in California. They may be inducted to form in controlled temperature chambers.

Yellow speckle is characterized by small yellow flecks scattered over the leaf surface. Their number may vary from a few spots on one or two leaves to a large number of speckles that often coalesce into large spots and may cover most of the leaf. Sometimes, the spots are concentrated about the veins of the first and second order, and they form a pattern that resembles the symptoms of veinbanding due to fanleaf virus, or yellow vein virus. The symptoms of yellow speckle appear late in the season. They are generally visible at the end of summer. With the most virulent strains, symptoms appear earlier, become intense and spots fade to whitish in autumn. The cultivar Esparte (syn. Mataro or Mourvèdre) is the best indicator. The virus has not been isolated, nor has it been eliminated by heat treatment.

Grapevine fleck (Marbrure) [85-87]

The symptoms of fleck have been often confused with those of fanleaf when indexing on the indicator *Vitis rupestris* cv. St. George. Fleck occurs as a latent infection in many scion and rootstock cultivars and is probably world-wide.

On *Vitis rupestris*, and particularly on the indicator du Lot or St. George, the virus produces a typical clearing of the veins of third order,[85,86] with an upward curling of the leaf blade[87] and sometimes much leaf deformation.

The virus has not been isolated. It can be eliminated by heat treatment. The wide dissemination of fleck is likely to be due to the fact that the virus can be carried without symptoms (latent) in *Vitis vinifera* cultivars and in many scion and rootstock hybrids.

Grapevine vein mosaic [88-90]

Vein mosaic was described in France on clones of various cultivars of *Vitis vinifera* showing symptoms of leaf mosaic very similar to those due to the fanleaf virus. However, all attempts to detect fanleaf virus or other Nepoviruses by serology or mechanical transmission to herbaceous hosts gave negative results. This mosaic was therefore distinct from the diseases caused by fanleaf virus, and also from fleck, which is symptomless in *Vitis vinifera* cultivars, whereas vein mosaic shows symptoms on *Vitis vinifera* and on American hybrids. The typical symptom of vein mosaic is a pale green mosaic affecting mostly the leaf tissues adjacent to the main veins or the smaller ones, but not necessarily restricted to these zones. In some cases, areas of the leaf blade with severe symptoms tend to become necrotic, especially on the rootstock *Vitis riparia* Gloire,[88,89] which is used as indicator. The hybrid variety LN 33 is also a good indicator.

The disease has been commonly found in several old cultivars of *Vitis vinifera* and to a lesser extent in rootstocks. New cultivars that were obtained from seedlings and were never grafted have also been found infected by vein mosaic when indexed. This seems to indicate that the virus is either seed-borne in grape or has another natural mode of spread.

The first attempts to eliminate vein mosaic by heat treatment were negative.

Results of indexing show that vein mosaic is widespread. Various types of mosaic diseases described in several other European countries (West Germany, Switzerland, Rumania, Bulgaria, Hungary, USSR) are probably identical with vein mosaic. In Australia, a disease called grapevine summer mottle is very similar to vein mosaic.

Grapevine vein necrosis [91-93]

Vein necrosis was discovered in France. It shows particularly clear symptoms on the rootstock *Vitis rupestris* X *V. Berlandieri* 110 R.[91,92] Growth is much reduced and blackish necroses appear on leaf veins, at first on the leaves of the base of the shoots, later on younger leaves as the shoots grow. In glasshouse conditions, in the spring, severe shock symptoms develop.[93] The tendrils and many shoots become necrotic with brownish streaks and the extremities of the shoots die back. Many plants die, but a few recover.

Vein necrosis is widespread and is latent in many cultivars. The pathogen is probably a virus, but it has not yet been isolated. It can be eliminated by heat treatment. The economic importance of the disease is not known.

Grapevine asteroid mosaic [94,95]

Asteroid mosaic has been described in California. The name of this disease is due to the fact that translucent spots produced on the leaves have a starlike shape. They are due to fusions of small portions of veinlet and of adjacent tissue. Necroses develop sometimes in the centre of these spots. The affected leaves are asymmetrical and the leaf blade is often crinkled along the veins. Symptoms are attenuated in summer. Yield is nil or very small. Infected plants remain weak. On the indicator *Vitis rupestris* cv. St. George, symptoms appear 1-2 months after inoculation as narrow cream-yellow bands on the main veins.[95] The leaves bearing these symptoms are distorted and smaller than the healthy leaves.

The properties of the virus are not known. The economic importance of the disease is limited by the fact that it is not common.

Grapevine infectious necrosis [98,99]

Infectious necrosis of grapevine was described in Czechoslovakia. It affects mainly American rootstocks. The first symptom is asymmetry of the leaf blade.[98] Later, there is a yellowing of leaf tissues between the veins of 2nd and 3rd order, then a necrosis of these areas. Affected tissues dry up and drop, forming holes.[99] The leaf blade is often reduced to the veins and the immediately adjacent tissues.

There is close analogy between these symptoms and those of zinc deficiency.

Grapevine shoot necrosis [100-102]

Shoot necrosis, not to be confused with vein necrosis, has been observed only in Italy, limited to the cultivar Corniola (formerly reported as Razaki). In the region of Apulia all vines of this variety are known to be diseased.

Symptoms consist in minute brownish spots and depressed striations which develop early in the season at the base of the very young shoots.[100] These lesions may expand and coalesce causing extensive necrosis and splitting of the cortex.[102] Death of the shoots may ensue.[101] Leaves are pale coloured in spring and the crop is reduced, but the clusters are well formed and do not show appreciable shelling or inferior quality of the berries.

The agent of this disease is not known, but it spreads through graftwood. Stem pitting symptoms and fanleaf virus have always been found associated with diseased vines.

Diseases caused by intracellular Procaryotes (Mycoplasma-like and Rickettsia-like microorganisms)

A few grapevine diseases previously considered as virus diseases appear to be caused by procaryote microorganisms closely resembling *Mycoplasma* or *Rickettsia*. They are flavescence dorée, black wood disease and Pierce's disease. Though an organism has not been associated with black wood diseased grapevines, the disease is placed in this group because the syndrome is similar.

Flavescence dorée [106-112]

This name is now restricted to the cases that are identical to the epidemic form which was prevalent in the southwest of France between 1949 and 1955, where it caused severe damage on Baco 22 A and destruction of vines in Armagnac.

The disease has been identified in Corsica and probably exists in several other countries, for instance in Italy, where identical symptoms were observed, but confusions with black wood disease (see below) or other diseases are possible.

In Armagnac, the first symptoms appear in June. Growth is reduced, internodes remain short, the leaves roll downwards.[106,109] In summer, rolling of the leaves increases, and the leaf blade becomes brittle. On white cultivars, yellow areas appear on the leaves,[108,112] whereas on red cultivars the whole leaf becomes reddish. Infected canes mature irregularly or not at all. Sometimes, the bark splits longitudinally. When symptoms appear early, the bunches dry up,[109] sometimes before flowering. With later infection, the berries wither and drop at the slightest shaking of the vine.

The causal agent of flavescence dorée appears to be a Mycoplasma-like organism. It is transmitted by the leafhopper *Scaphoideus littoralis*. In the southwest of France, the disease is controlled by destroying the vectors with large scale insecticide sprays. The infected vines recover spontaneously and remain healthy if they are not infected again.

The causal agent of flavescence dorée has been transmitted experimentally to several herbaceous plants by means of the above mentioned leafhopper vector.

Black wood disease [113-124]

This disease is present in the vineyards of Jura, Burgundy and Aube in France.[113,114] It is likely that the diseases described under the names of Goldgelbe Vergilbung, Vergilbungs-krankheit, Flavescence dorée in West Germany, Switzerland, Rumania, Israel, Chile and New Zealand are similar to the blackwood disease.[115-124] Black wood differs from flavescence dorée *sensu stricto* by a much slower evolution of symptoms and by its low epidemicity. The other characteristics of the disease are very similar. The causal agent is not known and it is not transmissible by the leafhopper *Scaphoideus littoralis*. The name "black wood" originates from the fact that immature parts of the canes become black during winter.

Pierce's disease [125-129]

Pierce's disease has been identified only in North America. It has caused severe losses in Mexico (Parras, Coahuila) and in USA (California, Florida, Texas and South Carolina) at intervals since the end of the 19th century. Growth is delayed in spring. From mid-June onwards, the leaves dry up from the margins, either abruptly when the leaf blade is still green[128] or after a progressive yellowing.[127] The most severely damaged leaves fall, leaving the petiole attached to the cane. The grapes wither before harvest. The canes either fail to mature or do so unevenly in brown patches. The causal agent of Pierce's disease can infect alfalfa and many grasses, woody or herbaceous plants. It is transmitted by several of the sharpshooter-leafhoppers and froghoppers. One of these species, *Philaenus spumarius*, is common in Europe.

Pierce's disease was first thought to be caused by a virus. According to recent research the pathogen seems to be a gram-negative *Rickettsia*-like bacterium.

No control measures are presently available, except the use of tolerant or resistant varieties of grapevine.

Possible confusions between virus diseases and other diseases, damages or abnormalities on grapevine

The symptoms caused on grapevine by viruses or by Mycoplasma-like and *Rickettsia*-like microorganisms can be confused with those of several types of damage or abnormalities having other causes, namely:

— bacterial or fungus diseases[130-139]
— nutritional deficiencies[140-153]
— damage due to meteorological factors (frost, sunburn, drought)[154]
— genetical abnormalities[155-157]
— damage due to herbicides[159-168] or pesticides[169-172]
— damage caused by insects or mites[173-186]

Because of these possibilities of confusion, diagnosis is often difficult in the field and even in indexing plots.
Following are a few examples of the main problems that have led to confusions in the past.

Fanleaf [1-31]

The very short internodes,[13] double nodes[13] and fasciations[12,13] that are commonly observed with the most virulent strains of grapevine fanleaf virus and/or other Nepoviruses can also be caused by acute boron deficiency.
The mite *Calepitrimerus vitis* inhibits the growing tips of canes in the spring, resulting also in shortened internodes.[178] In the earlier literature, namely in Switzerland, this condition is often called "court-noué". The leaves damaged by this mite are strongly malformed.[177,178]
Short internodes and deformations of the leaves may be also induced by thrips,[185,186] namely *Drepanothrips reuteri* and *Anaphothrips vitis*.
The fungus *Eutypa armeniacae* which develops in old wood causes a progressive dieback with stunted shoots very similar to those of grapevine infected with severe strains of fanleaf virus. The leaves are very small and distorted.[134]
Leaf deformations similar to those produced by fanleaf or enation diseases can be found on vines suffering from boron[142] or zinc[152,153] deficiencies. The analogy between symptoms of infectious necrosis[98,99] and zinc deficiency[152,153] has been already mentioned.
Leaf and shoot abnormalities of genetical origin, similar to the symptoms of fanleaf, are common in grapevines grown from seed.
Herbicides of the "hormone"[168] type such as 2,4-D or 2,4,5-T also produce leaf deformations somewhat resembling those on fanleaf diseased grapevines.
Dropping off of the berries due to infection by grapevine fanleaf virus and/or other

Nepoviruses[33,40] can be confused with physiological dropping off. Boron deficiency and zinc deficiency also produce dropping off and millerandage.

Yellow mosaic and veinbanding symptoms caused by strains of grapevine fanleaf virus,[16-31] arabis mosaic virus,[32-35] tomato ringspot virus[39,41,42] or other viruses[47] of the Nepovirus group can be confused with:

— symptoms of yellow speckle[83,84]
— symptoms of flavescence dorée[106,108,112] or black wood disease[120-122] on white cultivars
— damage of *Empoasca flavescens* (and probably other *Empoasca* sp.) on white cultivars[182]
— symptoms of iron[150,151] and manganese[147] deficiency
— damage caused by some herbicides, for example monuron[163] or diuron
— genetical variegation[156,157]
— frost damage.[154]

Leafroll[54-63]

On red cultivars, the symptoms of leafroll[54-56] can be confused with:

— damage by the buffalo tree hopper (*Ceresa bubalus*)[183]
— damage by *Empoasca flavescens*[181] and probably by other *Empoasca* sp.
— damage by several mites[173,176]
— symptoms of flavescence dorée or black wood disease[123]
— symptoms of magnesium,[146] potassium[149] and boron deficiency[142]
— damage due to the phytotoxicity of some pesticides.[169,170]

On white cultivars, leafroll[57-60] can be confused with flavescence dorée[106-112] and black wood disease,[113,114,120,124] and with magnesium,[145] potassium[149] and boron[140] deficiencies.

Corky bark[64-69]

Symptoms of corky bark can be confused with longitudinal cracks produced by boron deficiency,[143] shoot necrosis,[100-102] bacterial necrosis[130-133] and dead arm.[135] In some cases, stem pitting[72-82] produces symptoms very similar or identical to those of corky bark.[64-69]

Yellow speckle[83,84]

Possibility of confusion with yellow mosaic,[16-24] veinbanding,[25,27,28] yellow vein,[39,41,42] chrome mosaic,[47] vein mosaic.[88-90]

Fleck[85-87]

Vein clearing symptoms very similar to those of fleck can be observed on the leaves of some cultivars without any virus infection, for instance on Chasselas. This is probably a genetical character.[155]

Vein mosaic [88-90]

Symptoms of this disease may be confused with green[11] or yellow mosaic and veinbanding symptoms[16-31] caused by grapevine fanleaf virus or other Nepoviruses, with the symptoms produced by alfalfa mosaic virus on grapevine,[52,53] or with grapevine yellow speckle.[83,84]

Flavescence dorée [106-112] and black wood disease [113-124]

The symptoms of these two diseases can be confused with those of leafroll,[54-60] Pierce's disease[125-129] and boron deficiency.[140-143]
On white cultivars, the yellow areas on the leaves can be confused with the symptoms of yellow mosaic,[16-24] veinbanding,[25-27,28] yellow vein[39,41,42] or chrome mosaic.[46,47] On red cultivars, the reddening of the leaves can be confused with similar symptoms due to other causes, for instance:

— girdling or wounds of the trunk or shoots
— incompatibility phenomena on grafted vines[158]
— corky bark[64-69]
— infectious chlorosis and red leaf of Pinot noir[70,71]
— damage due to some pesticides.[169,170]

Pierce's disease [125-129]

Symptoms of Pierce's disease can be confused with those of following diseases:

— esca (*Stereum hirsutum* and *Phellinus ignarius*)[136,137]
— root rot due to *Phymatotrichum omnivorum*[138,139]
— Brenner disease (*Pseudopeziza tracheiphila*).

Planches en couleurs
Farbtafeln
Colour plates

1. Court-noué sans panachure sur Muscat blanc à petits grains. Limbe déformé, sinus pétiolaires largement ouverts, dentelure très accentuée. Frontignan, France (R. Bovey).

2. Plante saine de Muscat blanc à petits grains. Limbe symétrique, sinus pétiolaires fermés, dentelure peu prononcée. Frontignan, France (R. Bovey).

3. Court-noué. Symptômes sur l'indicateur *Vitis rupestris* Saint-George. A gauche, rameau sain. A droite, rameau infecté: la dentelure des feuilles est nettement plus accentuée et les entre-nœuds plus courts. Davis, Californie, USA (W. B. Hewitt).

1. Reisigkrankheit ohne Panaschüre an Kleinbeerigem Muskat. Deformierte Spreiten mit weit geöffneten Stielbuchten und sehr scharfen Blattzähnen. Frontignan, Frankreich (R. Bovey).

2. Gesunde Pflanze des Kleinbeerigen Muskat. Symmetrische Spreiten mit geschlossenen Stielbuchten und wenig ausgeprägter Zähnung. Frontignan, Frankreich (R. Bovey).

3. Reisigkrankheit (fanleaf). Symptome auf dem Indikator *Vitis rupestris* St. George. Links, gesunder Trieb. Rechts, infizierter Trieb: die Blattzähne sind schärfer, die Internodien kürzer. Davis, Kalifornien, USA (W. B. Hewitt).

1. Fanleaf without yellow mosaic on Muscat blanc à petits grains. Deformed leaf blades with acute denticulation, wide petiolar sinuses. Frontignan, France (R. Bovey).

2. Healthy plant of Muscat blanc à petits grains. Symmetrical leaf blades with normal denticulation, narrow petiolar sinuses. Frontignan, France (R. Bovey).

3. Fanleaf. Symptoms on the indicator *Vitis rupestris* St. George. Left, healthy shoot. Right, infected shoot: the denticulation of the leaves is more acute and the internodes are shorter. Davis, California, USA (W. B. Hewitt).

Les noms entre parenthèses sont ceux des auteurs des photographies.

Die Namen der Autoren der Abbildungen sind in Klammern gesetzt.

The names between brackets refer to the authors of the photographs.

65

4. Court-noué. Symptômes foliaires sur le porte-greffe Kober 5 BB: surface du limbe bosselée et plus brillante que celle des feuilles saines, légers symptômes de panachure. Ecublens, Suisse (R. Bovey).

5. Feuille saine de Kober 5 BB à titre de comparaison.

6. Court-noué. Déformations du limbe, sinus pétiolaire largement ouvert, anomalies de la nervation avec décolorations translucides le long des nervures. Lac Balaton, Hongrie (R. Bovey).

7. Court-noué. Déformations foliaires, sinus pétiolaire largement ouvert, dentelure acérée et légère panachure sur Riesling italien, (W. Gärtel).

8. Court-noué. Découpure du limbe avec suppression de la dentelure et nervation anormale sur Seibel 54-55. Changins/Nyon, Suisse (R. Bovey).

9. Court-noué. Découpure du limbe tout à fait anormale sur Muscat d'Alexandrie. Chili (W. Gärtel).

4. Reisigkrankheit. Blattsymptome an der Unterlage Kober 5 BB: die verbeulten Blattspreiten sind glänzender als die gesunder Reben; leichte Panaschüresymptome. Ecublens, Schweiz (R. Bovey).

5. Gesundes Kober-5 BB-Blatt.

6. Reisigkrankheit. Deformationen der Spreite, weit geöffnete Stielbucht, unregel-mäßige Äderung mit Aufhellungen entlang der Blattnerven. Plattensee, Ungarn (R. Bovey).

7. Reisigkrankheit. Blattdeformationen an Wälschriesling: offene Stielbucht, spitze Zähne, stark gelappte Spreite. Leichte Panaschüre (W. Gärtel).

8. Reisigkrankheit. Buchtförmige Einschnitte in die Blattspreite, Fortfall der Blattzähne, unregelmäßige Äderung an Seibel 54-55. Changins/Nyon, Schweiz (R. Bovey).

9. Reisigkrankheit. Völlig deformiertes Blatt an Muskat von Alexandrien. Chile (W. Gärtel).

4. Fanleaf. Foliar symptoms on the rootstock Kober 5 BB: the surface of the leaf is curled and more shiny than that of healthy leaves. Mild symptoms of yellow mosaic. Ecublens, Switzerland (R. Bovey).

5. Healthy leaf of Kober 5 BB in comparison.

6. Fanleaf. Deformation of the leaf blade, large petiolar sinus, abnormal venation with translucent discolourations along the veins. Lake Balaton, Hungary (R. Bovey).

7. Fanleaf. Deformation of the leaf blade, large petiolar sinus, acute denticulation and slight symptoms of yellow mosaic on Italian Riesling (W. Gärtel).

8. Fanleaf. Abnormal outline of the leaf blade and irregular veins on Seibel 54-55. Changins/Nyon, Switzerland (R. Bovey).

9. Fanleaf. Very abnormal shape of the leaf blade of Muscat of Alexandria. Chile (W. Gärtel).

67

10. Court-noué. Symptômes primaires sur Kober 5 BB inoculé par greffe: anneaux et lignes chlorotiques, sans déformation du limbe. Changins/Nyon, Suisse (R. Bovey).

11. Mosaïque produite par le virus du court-noué sur l'hybride producteur direct Seibel 10790. Colmar, France (A. Vuittenez).

12. Fasciation sur un sarment de Riesling × Sylvaner (Müller-Thurgau). Bernkastel-Kues, RFA (W. Gärtel).

13. Entre-nœud court (à gauche), double nœud (au milieu), fasciation et bifurcation anormale (à droite). Ces anomalies sont beaucoup plus fréquentes sur les plantes atteintes de court-noué que sur les plantes saines, mais ne sont pas des symptômes spécifiques. On les observe aussi dans la plupart des infections de la vigne par les autres Népovirus ou même par d'autres virus. Des doubles nœuds et des entre-nœuds courts sont aussi observés sur des vignes exemptes de virus (R. Bovey).

14. Coupe transversale d'un sarment de porte-greffe 5 C infecté par le virus du court-noué, montrant des cordons endocellulaires, au microscope ordinaire. (O. Cazelles).

15 Cordons endocellulaires dans un vaisseau spiralé du bois, vus au microscope électronique à balayage (W. Gärtel).

10. Reisigkrankheit. Primäre Symptome an Kober 5 BB nach Pfropfübertragung: chlorotische Ringe und Striche, ohne Mißbildung der Blattspreiten. Changins/Nyon, Schweiz (R. Bovey).

11. Durch das Virus der Reisigkrankheit an Blättern des Direktträgers (Hybride) Seibel 10790 hervorgerufenes Mosaik. Colmar, Frankreich (A. Vuittenez).

12. Verbänderungen an einem Riesling × Silvaner (Müller-Thurgau) - Trieb. Bernkastel-Kues, Mosel, Bundesrepublik Deutschland (W. Gärtel).

13. Verkürztes Internodium (links), Doppelknoten (mitte), Verbänderungen und Gabelung (rechts). Diese Anomalien kommen an reisigkranken Reben viel häufiger vor als an gesunden, sind aber keine spezifischen Symptome. Man beobachtet sie auch an Reben, die mit anderen Nepoviren infiziert sind. Doppelknoten und verkürzte Internodien kommen auch an gesunden Reben vor (R. Bovey).

14. Querschnitt durch den Trieb einer mit dem Fanleaf-Virus infizierten 5 C-Unterlage, der endozelluläre Stäbchen aufweist (Lichtmikroskopaufnahme). (O. Cazelles).

15. Endozelluläre Stäbchen im Schraubengefäß eines verholzten Triebes, aufgenommen mit dem Raster-Elektronenmikroskop (W. Gärtel).

10. Fanleaf. Primary symptoms on Kober 5 BB infected by chip- budding: chlorotic rings and lines, without deformation of the leaf blade. Changins/Nyon, Switzerland (R. Bovey).

11. Mosaic symptoms produced by fanleaf virus on the hybrid Seibel 10790. Colmar, France (A. Vuittenez).

12. Fasciation on a shoot of Riesling × Sylvaner (Müller-Thurgau). Bernkastel-Kues, West Germany (W. Gärtel).

13. Short internode (left), double node (middle) fasciation and abnormal branching (right). These abnormalities are much more common on fanleaf-infected grapevines than on healthy ones, but they are not specific symptoms. They also occur in most grapevines infected with other Nepoviruses, and even with other viruses. Double nodes and short internodes can be also observed on virus-free grapevines (R. Bovey).

14. Transverse section of a shoot of the rootstock Teleki 5 C infected by fanleaf virus, showing several trabeculae oriented radially in the xylem vessels (O. Cazelles).

15. Trabeculae in a xylem vessel, seen with the scanning electron microscope (W. Gärtel).

69

16. Panachure produite par le virus du court-noué sur l'hybride LN 33 (Couderc 16 13 × Sultanine). Changins / Nyon (R. Bovey).

17. Forts symptômes de panachure avec réduction considérable de la vigueur chez le cépage de raisin de table Regina. Sannicandro, Italie (G. P. Martelli).

18. Panachure à jaunissement total du limbe causée par le virus du court-noué sur Seibel 54-55. Les feuilles sont d'abord vertes, puis jaunissent progressivement. Les zones peu éclairées par le soleil restent plus vertes. La forme des feuilles est peu affectée par l'infection. Saint-Prex, Suisse (R. Bovey).

16. Durch das Virus der Reisigkrankheit an der Hybride LN 33 (Couderc 16 13 × Sultanine) verursachte Panaschüre. Changins / Nyon, Schweiz (R. Bovey).

17. Starke Panaschüre-Symptome und erhebliche Verminderung der Wüchsigkeit an der Tafelrebensorte Regina. Sannicandro, Italien (G. P. Martelli).

18. Durch das Virus der Reisigkrankheit verursachte totale Panaschüre der Blattspreite an Seibel 54-55. Die zuerst grünen Blätter verfärben sich allmählich gelb. Die von der Sonne weniger belichteten Zonen bleiben grüner. Die Blattform ist durch die Infektion nur wenig beeinflußt. St. Prex, Schweiz (R. Bovey).

16. Yellow mosaic produced by fanleaf virus on the hybrid LN 33 (Couderc 16 13 × Thompson seedless). Changins / Nyon, Switzerland (R. Bovey).

17. Severe symptoms of yellow mosaic accompanied by a considerable reduction of vigour on the table grape cultivar Regina. Sannicandro, Italy (G. P. Martelli).

18. Yellow mosaic with total yellowing of the leaf blade on Seibel 54-55. The leaves are green at first when they develop and then turn progressively yellow. Parts of the leaf blade that are less exposed to sunlight remain greener. The shape of the leaves is little affected by the disease. St. Prex, Switzerland (R. Bovey).

16

17

18

71

19-24. Types divers de panachure sur Riesling dans la vallée de la Moselle, RFA (W. Gärtel).

19-24. Verschiedene Panaschüremuster an Riesling im Moseltal. Bundesrepublik Deutschland (W. Gärtel).

19-24. Various types of yellow mosaic symptoms on Riesling in the Mosel Valley, West Germany (W. Gärtel).

25. Panachure réticulée (veinbanding) causée par une souche particulière du virus du court-noué sur Sultanine. Davis, Californie, USA (W. B. Hewitt).

26. Lignes et anneaux chlorotiques sur une feuille de Sultanine infectée par la souche «veinbanding» du virus du court-noué. Ce symptôme particulier n'apparaît pas chaque année dans les conditions climatiques de la Californie. Davis, Californie, USA (W. B. Hewitt).

27. Panachure réticulée (veinbanding) sur un cépage de *V. vinifera*, en Californie (W. Gärtel).

25. Adernbänderung (veinbanding) an Sultanine-Blättern, verursacht durch einen besonderen Stamm des Virus der Reisigkrankheit. Davis, Kalifornien, USA (W. B. Hewitt).

26. Chlorotische Striche und Ringe auf einem Blatt einer mit dem «Veinbanding»-Stamm des Virus der Reisigkrankheit infizierten Sultanine-Rebe. Unter den klimatischen Bedingungen Kaliforniens tritt dieses eigenartige Symptom nicht jedes Jahr auf. Davis, Kalifornien, USA (W. B. Hewitt).

27. Adernbänderung an einer *Vitis vinifera* Sorte in Kalifornien, USA (W. Gärtel).

25. Veinbanding caused by a particular strain of fanleaf virus on Thompson Seedless. Davis, California, USA (W. B. Hewitt).

26. Chlorotic lines and rings on a leaf of Thompson Seedless infected with the veinbanding strain of fanleaf virus. This particular symptom does not appear every year in the climatic conditions of California. Davis, California, USA (W. B. Hewitt).

27. Veinbanding symptoms on a cultivar of *Vitis vinifera* in California (W. Gärtel).

25

26

27

28. Panachure réticulée sur Pedro Ximenes à Moriles, Espagne (R. Bovey).

29. Panachure avec anneaux chlorotiques sur Elbling. Vallée de la Moselle, RFA (W. Gärtel).

30. Mise en évidence de la panachure par une attaque d'érinose (*Eriophyes vitis*). A gauche, taches jaunes sur les galles formées à la suite du développement des ériophyides sur une feuille de vigne infectée par le virus du court-noué de type panachure. A droite, les galles restent vertes sur une plante saine. Fully, Suisse (R. Bovey).

31. Panachure, court-noué et forte déformation des feuilles avec dentelure accentuée sur un cep de Seibel 54-55. Le jaunissement typique de la panachure atteint aussi les grappes. Saint-Prex, Suisse (R. Bovey).

28. Adernbänderung an Pedro Ximenes in Moriles, Spanien (R. Bovey).

29. Ringförmige Panaschüre an Elbling. Moseltal, Bundesrepublik Deutschland (W. Gärtel).

30. Der Befall der Rebblätter durch die Pockenmilbe (*Eriophyes vitis*) enthüllt eine latente Infektion mit dem Virus der Reisigkrankheit. Links, gelb verfärbte Pocken auf einem mit dem Panaschüre-Stamm des Fanleaf-Virus infizierten Blatt. Rechts, grüne Gallen auf Blättern einer gesunden Rebe. Fully, Schweiz (R. Bovey).

31. Panaschüre, Reisigkrankheit und stark deformierte Blätter mit verstärkter Zähnung auf Seibel 54-55. Die typische Vergilbung erfaßt auch die Gescheine. St. Prex, Schweiz (R. Bovey).

28. Veinbanding on Pedro Ximenes. Moriles, Spain (R. Bovey).

29. Chlorotic rings and lines on Elbling. Mosel Valley, West Germany (W. Gärtel).

30. The infestation of grapevine leaves with the grape erineum mite (*Eriophyes vitis*) discloses the presence of a latent infection by the yellow mosaic strain of fanleaf virus. Left, yellow spots on the galls produced by the mites on an infected leaf. Right, the galls remain green on the leaves of a healthy plant. Fully, Switzerland (R. Bovey).

31. Yellow mosaic, fanleaf and severe deformation of the leaves with acute dentation on a Seibel 54-55 grapevine. The typical yellowing of yellow mosaic occurs also on the clusters. St. Prex, Switzerland (R. Bovey).

32. Symptômes produits par le virus de la mosaïque de l'arabette sur un hybride *V. riparia* × *V. Berlandieri:* rabougrissement des pousses, feuilles petites, coloration vert jaunâtre mais sans panachure. Colmar, France (A. Vuittenez).

33. Forte coulure produite par le virus de la mosaïque de l'arabette sur Chasselas. Allaman, Suisse (R. Bovey).

34. Chasselas infecté par le virus de la mosaïque de l'arabette dans une vigne infestée par des nématodes de l'espèce *Xiphinema diversicaudatum*. Entre-nœuds courts, doubles nœuds, feuilles petites, très découpées et chlorotiques, pas de panachure. Allaman, Suisse (R. Bovey).

35. Jaunissement total des feuilles et des grappes et rougissement des sarments sur un cep de Riesling infecté par le virus de la mosaïque de l'arabette. Wittlich, Moselle, RFA (W. Gärtel).

32. Durch das Arabismosaikvirus an der Hybride *V. riparia* × *V. Berlandieri* verursachte Symptome: Kümmerwuchs, kleine, gelbgrün verfärbte Blätter ohne Panaschüre. Colmar, Frankreich (A. Vuittenez).

33. Starkes Durchrieseln an Gutedel, verursacht durch das Arabismosaikvirus. Allaman, Schweiz (R. Bovey).

34. Mit dem Arabismosaikvirus infizierter Gutedel in einem mit *Xiphinema diversicaudatum* verseuchten Weinberg. Kurzinternodien, Doppelknoten, kleine chlorotische, tiefgezähnte Blätter, keine Panaschüre. Allaman, Schweiz (R. Bovey).

35. Totale Vergilbung der Blätter und Gescheine sowie intensive Rotfärbung des Sprosses an Riesling. In den befallenen Reben konnte nur Arabismosaikvirus nachgewiesen werden. Wittlich, Moselgebiet, Bundesrepublik Deutschland (W. Gärtel).

32. Symptoms produced by arabis mosaic virus on a hybrid *V. riparia* × *V. Berlandieri*: reduced growth, small green-yellowish leaves, no symptom of yellow mosaic. Colmar, France (A. Vuittenez).

33. Severe dropping off produced on Chasselas by arabis mosaic virus. Allaman, Switzerland (R. Bovey).

34. Chasselas infected with arabis mosaic virus in a vineyard infested by *Xiphinema diversicaudatum*. Short internodes, double nodes, small leaves with deep indentations and chlorosis, no symptom of yellow mosaic. Allaman, Switzerland (R. Bovey).

35. Total yellowing of the leaves and clusters and reddening of the canes on a Riesling vine infected by arabis mosaic virus. Wittlich, Mosel, West Germany (W. Gärtel).

32

33

34

35

36. Légers symptômes de type panachure produits par le virus des anneaux noirs de la tomate sur le porte-greffe Aramon × *V. riparia* 143 A. Vallée de la Moselle, RFA (W. Gärtel).

37. Chardonnay infecté par le virus des taches annulaires du framboisier. Croissance réduite, feuilles en palmettes. Colmar, France (A. Vuittenez). Matériel provenant du Landesanstalt für Wein-, Obst- und Gartenbau, Neustadt, RFA.

38. Chardonnay infecté par le virus latent des taches annulaires du fraisier. Feuilles à sinus pétiolaires très ouverts. Colmar, France (A. Vuittenez). Matériel de même provenance que pour la fig. 37.

39. Symptômes de type jaunissement des nervures sur Cabernet-Sauvignon, au Chili (W. Gärtel).

40. Coulure et millerandage produits par le virus des taches annulaires de la tomate, souche «yellow vein», sur Carignan. Davis, Californie, USA (W. B. Hewitt).

36. Leichte, panaschüreähnliche Symptome, verursacht durch das Tomaten-schwarzringfleckenvirus auf der Unterlage Aramon × *Riparia* 143 A. Trier, Mosel, Bundesrepublik Deutschland (W. Gärtel).

37. Himbeerringflecken-Virus an Chardonnay. Verminderte Wüchsigkeit, Fächer-blättrigkeit. Colmar, Frankreich (A. Vuittenez). Das Material stammt aus der Landes-, Lehr- und Forschungsanstalt Neustadt, Bundesrepublik Deutschland.

38. Latentes Himbeerringflecken-Virus an Chardonnay. Blätter mit weit göffneten Stielbuchten. Colmar, Frankreich (A. Vuittenez). Das Material stammt aus der Landes-, Lehr- und Forschungsanstalt Neustadt, Bundesrepublik Deutschland.

39. Symptome des Typs Adernvergilbung an Cabernet Sauvignon in Chile (W. Gärtel).

40. Durchrieseln und Kleinbeerigkeit an Carignan in Kalifornien, verursacht durch das Tomatenringfleckenvirus. Davis, Kalifornien, USA (R. Bovey).

36. Mild symptoms of the yellow mosaic type produced by tomato black ring virus on the rootstock Aramon × *V. riparia* 143 A. Mosel Valley, West Germany (W. Gärtel).

37. Chardonnay infected with raspberry ringspot virus. Reduced growth, leaf deformations of the fanleaf type. Colmar, France (A. Vuittenez). Material from the Landesanstalt für Wein-, Obst- und Gartenbau, Neustadt, West Germany.

38. Chardonnay infected with strawberry latent ringspot virus. Leaves with wide petiolar sinuses. Colmar, France (A. Vuittenez). Material of same origin as in fig. 37.

39. Yellow vein-like symptoms on Cabernet Sauvignon in Chile (W. Gärtel).

40. Dropping off and small berries (millerandage) due to tomato ringspot virus, yellow vein strain, on Carignane. Davis, California, USA (R. Bovey).

41. Jaunissement des nervures causé par la souche « yellow vein » du virus des taches annulaires de la tomate sur la variété Emperor. Davis, Californie, USA (R. Bovey).

42. Jaunissement des nervures sur Carignan. Davis, Californie, USA (R. Bovey).

43. Virus des taches annulaires de la tomate sur vigne dans l'Etat de New-York. Symptômes sur les feuilles de l'hybride Seibel 13053: déformations du limbe et dessins chlorotiques. Lodi, N.Y., USA (J. K. Uyemoto).

41. Adernvergilbung an Emperor, verursacht durch den « yellow vein »-Stamm des Tomatenringfleckenvirus. Davis, Kalifornien, USA (W. B. Hewitt).

42. Adernvergilbung an Carignan. Davis, Kalifornien, USA (R. Bovey).

43. Tomatenringfleckenvirus an Reben im Staate New York. Symptome an Blättern der Hybride Seibel 13053: Deformationen und chlorotische Muster an den Blattspreiten. Lodi, N.Y., USA (J. K. Uyemoto).

41. Symptoms of yellow vein caused by a strain of tomato ringspot virus on the cultivar Emperor. Davis, California, USA (R. Bovey).

42. Yellow vein on Carignane. Davis, California, USA (R. Bovey).

43. Tomato ringspot virus on grapevine in New York State. Symptoms on the leaves of the hybrid Seibel 13053: deformation of the leaf blade and chlorotic line pattern. Lodi, N.Y., USA (J. K. Uyemoto).

41

42

43

44. Virus des taches annulaires de la tomate sur vigne. Cep infecté de la variété De Chaunac (Seibel 9549). Les symptômes sont localisés sur une partie du cep, quelques sarments à l'extrémité étant apparemment sains. A noter les entre-nœuds courts, la chlorose et la forte coulure sur les parties malades. On observe aussi un enroulement foliaire en fin de saison. Ontario, Canada (H. Dias).

45. Virus des taches annulaires de la tomate sur vigne (variété De Chaunac). A gauche, rameau infecté; à droite, rameau sain. Ontario, Canada (H. Dias).

44. Symptome des Tomatenringfleckenvirus an der Sorte de Chaunac (Seibel 9549) in Kanada. Die Symptome sind auf einen Teil der Pflanze begrenzt: einige Blätter am Ende der Triebe sehen gesund aus. Man beachte die Kurzinternodien, die Chlorose und das starke Durchrieseln in den kranken Teilen. Gegen Ende der Vegetation setzt Blattrollen ein. Ontario, Kanada (H. Dias).

45. Symptome des Tomatenringfleckenvirus an Blättern der Sorte de Chaunac (Seibel 9549) in Kanada. Links, kranker, rechts, gesunder Trieb. Ontario, Kanada (H. Dias).

44. Tomato ringspot virus on grapevine. Infected vine of the cultivar De Chaunac (Seibel 9549). The symptoms are localized on part of the plant, a few shoots at the extremity being apparently healthy. Short internodes, chlorosis and rolling of the leaves, severe dropping off. Ontario, Canada (H. Dias).

45. Tomato ringspot virus on grapevine (cultivar De Chaunac). Left, infected shoot. Right, healthy shoot. Ontario, Canada (H. Dias).

44

45

46.   Mosaïque jaune chrome. Vue d'un jeune vignoble de Veltliner rouge près du lac Balaton, en Hongrie, montrant la disposition des ceps malades en taches. (G. P. Martelli).
47.   Symptômes foliaires de la mosaïque jaune chrome sur Veltliner rouge. Lac Balaton, Hongrie (G. P. Martelli).

46.   Chrommosaik. Herdförmig angeordnete kranke Reben in einer Roter-Veltliner-Junganlage in der Nähe des Plattensees, Ungarn (G. P. Martelli).
47.   Chrommosaik. Blattsymptome an Rotem Veltliner. Plattensee, Ungarn (G. P. Martelli).

46.   Chrome mosaic. View of a young vineyard of Red Veltliner, near Lake Balaton, Hungary, showing the patchy distribution of diseased plants (G. P. Martelli).
47.   Chrome mosaic. Foliar symptoms on Red Veltliner. Lake Balaton, Hungary (G. P. Martelli).

48. Enations à la face inférieure des feuilles d'un sarment de Tokay, en Californie. Le virus du court-noué a été transmis à la vigne et à des plantes herbacées à partir de cette plante. Davis, USA (W. B. Hewitt).

49. Enations à la face inférieure d'une feuille de Riesling. Winningen, Moselle, RFA (W. Gärtel).

50. Enations atypiques à la face supérieure d'une feuille de la variété Vernaccia. Zeddiani, Sardaigne, Italie (U. Prota).

48. Enationen auf der Unterseite von Blättern eines Tokay-Triebes in Kalifornien. Aus dieser Rebe wurde das Fanleaf-Virus auf Reben und krautige Pflanzen übertragen. Davis, Kalifornien, USA (W. B. Hewitt).

49. Enationen auf der Unterseite eines Rieslingblattes. Winningen, Mosel, Bundesrepublik Deutschland (W. Gärtel).

50. Untypische Enationen auf der Oberseite eines Blattes der Sorte Vernaccia. Zeddiani, Sardinien, Italien (U. Prota).

48. Enations on the under-side of the leaves of a shoot of Flame Tokay in California. Fanleaf virus has been transmitted from this plant to grapevine and herbaceous indicator hosts. Davis, USA (W. B. Hewitt).

49. Enations on the under-side of a leaf of Riesling. Winningen, Mosel, West Germany (W. Gärtel).

50. Atypical enations on the upper-side of a leaf of the cultivar Vernaccia. Zeddiani, Sardinia, Italy (U. Prota).

48

49

50

51. Mosaïque de Bratislava sur Cabernet-Sauvignon. Les symptômes sont très proches de ceux de la panachure produite par le virus du court-noué, et le virus est transmissible par inoculation mécanique à *Chenopodium quinoa*, mais son identité n'est pas encore certaine. Svodin, Tchécoslovaquie (G. Vanek).

52. Anneaux et lignes chlorotiques produits par le virus de la mosaïque de la luzerne sur les feuilles d'un hybride Grézot 1 × 5 C. Changins / Nyon, Suisse (R. Bovey).

53. Symptômes produits par le virus de la mosaïque de la luzerne sur les feuilles de Chardonnay. Kéthely, Hongrie (J. Lehoczky).

51. Bratislava-Mosaik an Cabernet-Sauvignon. Die Symptome sind jenen der Panaschüre, hervorgerufen durch das Virus der Reisigkrankheit, sehr ähnlich. Das Virus ist durch mechanische Inokulation auf *Chenopodium quinoa* übertragbar, es wurde aber noch nicht identifiziert. Svodin, Tschechoslowakei (G. Vanek).

52. Chlorotische Ringe und Striche, verursacht durch das Luzernemosaikvirus an Blättern einer Hybride Grézot 1 × 5 C. Changins / Nyon, Schweiz (R. Bovey).

53. Durch das Luzernemosaikvirus an Chardonnay-Blättern hervorgerufene Symptome. Kéthely, Ungarn (J. Lehoczky).

51. Bratislava mosaic on Cabernet Sauvignon. The symptoms are very similar to those of yellow mosaic produced by fanleaf virus, and the virus can be transmitted by mechanical inoculation to *Chenopodium quinoa*, but its identity is not yet clear. Svodin, Czechoslovakia (G. Vanek).

52. Chlorotic rings and lines produced by alfalfa mosaic virus on the leaves of a hybrid Grézot 1 × 5 C. Changins / Nyon, Switzerland (R. Bovey).

53. Symptoms produced by alfalfa mosaic virus on the leaves of Chardonnay. Kéthely, Hungary (J. Lehoczky).

51

52

53

54. Enroulement sur Gamay en juillet. On peut observer la progression des symptômes au fur et à mesure du vieillissement des feuilles : taches éparses rougeâtres sur les jeunes feuilles à la partie supérieure des sarments; rougissement presque total du limbe sur les feuilles âgées, à l'exception d'une étroite bande verte le long des nervures primaires et secondaires. Changins/Nyon, Suisse (R. Bovey).

54. Blattrollkrankheit an Gamay im Juli. Es fällt die Zunahme der Symptome mit dem Alter der Blätter auf: vereinzelte rötliche Flecke auf den jungen Blättern im oberen Teil der Triebe; fast totale Rotverfärbung der älteren Blätter bis auf einen schmalen grünen Saum entlang der Blattadern erster und zweiter Ordnung. Changins/Nyon, Schweiz (R. Bovey).

54. Leafroll on Gamay in July. Symptoms progress as the leaves age. There are only a few scattered reddish spots on the young leaves on the upper part of the shoots, whereas the reddening of the leaf blade is almost complete on the old leaves, except on a narrow band along the primary and secondary veins. Changins/Nyon, Switzerland (R. Bovey).

55. Enroulement. Symptômes tardifs sur feuille de Gamay: fort enroulement du limbe, rougissement presque total du tissu foliaire, à l'exception d'une étroite bande le long des nervures primaires et secondaires, et de petits fragments de nervures tertiaires. A droite, feuille saine. Changins / Nyon, Suisse (R. Bovey).

56. Très forts symptômes d'enroulement en automne sur Primitivo di Gioia. Les bandes vertes habituellement visibles le long des nervures primaires et secondaires ont presque entièrement disparu. Bari, Italie (G. P. Martelli).

57. Enroulement sur le cépage blanc Riesling × Sylvaner (Müller-Thurgau): fort enroulement du limbe, légère chlorose. Bernkastel-Kues, Moselle, RFA (W. Gärtel).

55. Blattrollkrankheit. Spätsymptome auf einem Gamay-Blatt. Starkes Rollen und fast totale Rotverfärbung der Spreite mit Ausnahme eines schmalen grünen Saumes längs der Adern erster und zweiter, teils auch dritter Ordnung. Rechts, gesundes Blatt. Changins / Nyon, Schweiz (R. Bovey).

56. Sehr starkes Blattrollen im Herbst an Primitivo di Gioia. Der grüne Saum, der sich gewöhnlich an den Adern erster und zweiter Ordnung bildet, ist fast völlig verschwunden. Bari, Italien (G. P. Martelli).

57. Symptome der Blattrollkrankheit an der weißen Sorte Riesling × Silvaner (Müller-Thurgau). Starkes Rollen der leicht vergilbten Blattspreite. Bernkastel-Kues, Mosel, Bundesrepublik Deutschland (W. Gärtel).

55. Leafroll. Late symptoms on a leaf of Gamay. Strong rolling of the leaf blade, which is almost totally red-purplish in colour, except for a narrow band remaining green along primary and secondary veins, and small sectors of tertiary veins. Right, healthy leaf. Changins / Nyon, Switzerland (R. Bovey).

56. Very severe symptoms of leafroll in autumn on Primitivo di Gioia. The green bands that are usually visible on the primary and secondary veins have almost entirely disappeared. Bari, Italy (G. P. Martelli).

57. Leafroll on the white variety Riesling × Sylvaner (Müller-Thurgau). Strong rolling of the leaf blade, mild chlorosis. Bernkastel-Kues, West Germany (W. Gärtel).

58. Enroulement. Plante infectée du cépage Melon, avec enroulement typique des feuilles. Californie, USA (W. B. Hewitt).

59. Enroulement sur Traminer, avec chlorose accentuée. Colmar, France (A. Vuittenez).

60. Enroulement sur Riesling × Sylvaner (Müller-Thurgau), avec chlorose entre les nervures. Bernkastel-Kues, Moselle, RFA (W. Gärtel).

58. Blattrollkrankheit. Infizierter Rebstock der Sorte Melon mit typischen Einrollungen der Spreiten. Kalifornien, USA (W. B. Hewitt).

59. Blattrollen an Traminer mit ausgeprägter Chlorose. Colmar, Frankreich (A. Vuittenez).

60. Blattrollen an Riesling × Silvaner (Müller-Thurgau) mit Vergilbungen zwischen den Blattadern. Bernkastel-Kues, Mosel, Bundesrepublik Deutschland (W. Gärtel).

58. Leafroll. Infected vine of Melon with typical rolling of the leaves. California, USA (W. B. Hewitt).

59. Leafroll on Traminer, with conspicuous chlorosis. Colmar, France (A. Vuittenez).

60. Leafroll on Riesling × Sylvaner (Müller-Thurgau), with chlorosis between the veins. Bernkastel-Kues, Mosel, West Germany (W. Gärtel).

58

59

60

61. Enroulement. Effet de l'infection sur la maturité du Merlot. Bien que les symptômes foliaires soient faibles, on observe une grande irrégularité et un retard considérable de la maturité des baies. Tenero, Tessin, Suisse (R. Bovey).

62. Plante saine de Merlot dans le même vignoble que le cep de la fig. 61, photographiée le même jour. Pas de symptômes d'enroulement sur les feuilles, maturité plus régulière et beaucoup plus avancée des baies.

63. Enroulement. Effet du virus sur la coloration des grappes du cépage Emperor en Californie. A gauche, grappe d'une plante malade. A droite, grappe saine. C'est à cette différence de coloration des raisins qu'est dû le nom de «White Emperor disease» donné à cette maladie en Californie, avant que l'on eût montré qu'elle était causée par le virus de l'enroulement. Kearney, Californie, USA (R. Bovey).

61. Einfluß der Blattrollkrankheit auf das Reifen der Sorte Merlot. Die Blattsymptome sind zwar nur schwach ausgeprägt, die Beeren sind dennoch sehr ungleichmäßig, ihre Reife ist erheblich verspätet. Tenero, Tessin, Schweiz (R. Bovey).

62. Gesunder Merlot im selben Weinberg wie in Abb. 61, zur gleichen Zeit fotografiert. Keine Blattrollsymptome, gleichmäßige, weiter fortgeschrittene Reife der Trauben.

63. Blattrollkrankheit. Einfluß des Virus auf die Färbung der Emperor-Trauben in Kalifornien. Links, Traube von einem kranken Rebstock, rechts, gesunde Traube. Wegen der helleren Färbung der Trauben wurde diese Krankheit in Kalifornien «White Emperor Disease» genannt, bevor nachgewiesen wurde, daß sie durch ein Virus verursacht wird. Kearney, Kalifornien, USA (R. Bovey).

61. Leafroll. Effect of the infection on the ripening of the fruit of Merlot. Although the foliar symptoms are mild, the ripening of the berries is irregular and much delayed. Tenero, Tessin, Switzerland (R. Bovey).

62. Healthy vine of Merlot in the same vineyard, photographed the same day as fig. 61. No leafroll symptom on the leaves, regular and earlier ripening of the berries.

63. Leafroll. Effect of the virus on the colour of the clusters of Emperor in California. Left, cluster of an infected plant. Right, healthy cluster. The name «White Emperor» given to this disease before it was known to be caused by leafroll virus originates from the paler colour of the infected clusters. Kearney, California, USA (R. Bovey).

61

62

63

64. Maladie de l'écorce liégeuse (corky bark) sur l'hybride LN 33 (Couderc 1613 $\times$ Sultanine) utilisé comme indicateur pour ce virus. Craquelures et renflements sur les sarments, maturité incomplète du bois, feuilles rouges et enroulées. Davis, Californie, USA (W. B. Hewitt).

65. Maladie de l'écorce liégeuse (corky bark) sur *V. vinifera*, variété Mondeuse. Fissures longitudinales à la base des sarments. Davis, Californie, USA (W. Gärtel).

66-67. Maladie de l'écorce liégeuse (corky bark) sur LN 33. Renflements et craquelures longitudinales de l'écorce, développement anormal du liège. Davis, Californie, USA (W. Gärtel).

64. Korkrindenkrankheit (corky bark) an der Hybride LN 33, die als Indikator für den Erreger verwendet wird. Längsrisse und Anschwellungen an den Trieben, unvollständige Holzreife, rote, eingerollte Blätter. Davis, Kalifornien, USA (W. B. Hewitt).

65. Korkrindenkrankheit (corky bark) an *V. vinifera*, var. Mondeuse. Längsrisse an der Triebbasis. Davis, Kalifornien, USA (W. Gärtel).

66-67. Korkrindenkrankheit (corky bark) an der Hybride LN 33. Anschwellungen und Längsrisse in der Rinde, anormale Korkentwicklung. Davis, Kalifornien, USA (W. Gärte!).

64. Corky bark on the hybrid LN 33 (Couderc 1613 $\times$ Thompson Seedless) which is used as indicator for this virus. Cracks and swellings on the shoots, incomplete maturity of the wood, red leaves with rolling of the leaf blade. Davis, California, USA (W. B. Hewitt).

65. Corky bark on Mondeuse. Longitudinal cracks at the base of the shoots. Davis, California, USA (W. Gärtel).

66-67. Corky bark on the hybrid LN 33. Swellings and longitudinal cracks of the bark, abnormal development of cork. Davis, California, USA (W. Gärtel).

68. Comparaison entre les symptômes foliaires de l'enroulement et de l'écorce liégeuse (corky bark) sur LN 33. A gauche, feuille saine. Au milieu, enroulement. A droite, écorce liégeuse : rougissement total du limbe, y compris les nervures. Davis, Californie, USA (A. C. Goheen).

69. Sarments de Petite Sirah (en haut) et de LN 33 infectés par le virus de l'écorce liégeuse (corky bark). Davis, Californie, USA (A. C. Goheen).

70. Chlorose infectieuse et rougissement des feuilles du Pinot noir. Chlorose des feuilles en été, puis rougissement en automne, s'étendant à tout le limbe, y compris les nervures. Autres caractéristiques : chute prématurée des feuilles en automne, récolte faible, maturité précoce. Colmar, France (A. Vuittenez).

71. Altérations du bois, visibles après décortication, sur des boutures de Pinot noir inoculées avec la maladie précédente. Deuxième année après l'inoculation par incrustation (chip budding). Colmar, France (A. Vuittenez).

68. Vergleich zwischen den Symptomen der Blattrollkrankheit und der Korkrindenkrankheit auf LN 33. Links, gesundes Blatt, mitte, Blattrollkrankheit. Rechts, Korkrindenkrankheit: völlige Rotverfärbung der Blattspreite einschließlich der Adern. Davis, Kalifornien, USA (A. C. Goheen).

69. Triebe von Petite Sirah (oben) und LN 33, die mit dem Virus der Korkrindenkrankheit (corky bark) infiziert worden waren. Davis, Kalifornien, USA (A. C. Goheen).

70. Infektiöse Chlorose und Rotfärbung von Blättern an Spätburgunder. Die im Sommer beginnende Chlorose und die im Herbst einsetzende Rotfärbung erfassen die ganzen Spreiten einschließlich der Blattadern. Weitere Merkmale: vorzeitiger Blattfall im Herbst, Mindererträge, vorzeitige Reife. Colmar, Frankreich (A. Vuittenez).

71. Nach Entfernung der Rinde sichtbar werdende Veränderungen am Holz von Spätburgunder-Stecklingen, die durch Anplattung (chip budding) mit dem Erreger der infektiösen Chlorose und der Rotfärbung des Spätburgunders infiziert worden waren. Zweites Jahr nach Infektion. Colmar, Frankreich (A. Vuittenez).

68. Comparison between leaf symptoms of leafroll and corky bark on the leaves of the hybrid LN 33. Left, healthy leaf. Middle, leafroll. Right, corky bark: total reddening of the leaf blade, including the veins. Davis, California, USA (A. C. Goheen).

69. Shoots of Petite Sirah (top) and hybrid LN 33 infected with corky bark virus. Davis, California, USA (A.C. Goheen).

70. Infectious chlorosis and leaf reddening of Pinot noir. Chlorosis of the leaves in summer, then reddening in autumn, extending to the whole leaf blade, including the veins. Premature dropping of the leaves in autumn. Low yield of grapes, with early maturity. Colmar, France (A. Vuittenez).

71. These alterations of the wood appear on cuttings of Pinot noir infected by chip budding from vines carrying the agent of the infectious chlorosis and leaf reddening of Pinot noir, after the bark has been stripped off. Second year after inoculation. Colmar, France (A. Vuittenez).

68

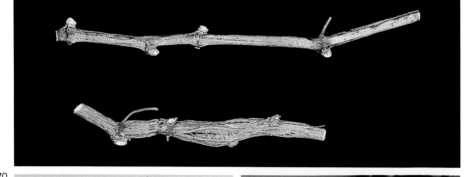

69

70

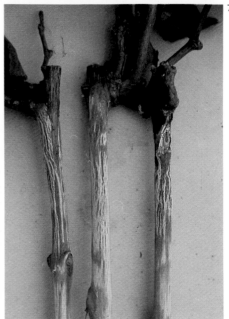

71

72. Maladie du bois strié (legno riccio). Symptômes sur le tronc (*V. vinifera*) d'une vigne après enlèvement du rhytidome. Variété Ohanez, Cerignola, Italie (G. P. Martelli).

73. Symptômes de bois strié sur le porte-greffe Kober 5 BB d'un cep malade de la variété Païen en Valais. La partie issue du greffon n'a pas de symptômes, mais dépérit progressivement. Leytron, Suisse (R. Bovey).

74. Bois strié. Cannelures longitudinales continues sur le porte-greffe. La partie issue du greffon ne présente pas de symptômes. Valea Călugărească, Roumanie (W. Gärtel).

75. Sillons caractéristiques du bois strié (legno riccio) sur le bois d'un cep malade de la variété Italia. Metaponto, Italie (G. P. Martelli).

76. Coupe transversale du tronc d'une vigne atteinte de bois strié (W. Gärtel).

72. Symptome der Holzrunzeligkeit (legno riccio), die an einem Ohanez-Stämmchen nach Abheben der Borke sichtbar werden. Cerignola, Italien (G. P. Martelli).

73. Symptome der Holzrunzeligkeit auf der Unterlage Kober 5 BB eines kranken Heida-Rebstockes im Wallis. Der aus dem Edelreis hervorgegangene Teil ist zwar frei von Symptomen, stirbt aber allmählich ab. Leytron, Schweiz (R. Bovey).

74. Holzrunzeligkeit. Durchlaufende Längsrillen auf der Unterlage. Das Edelreis ist frei von Symptomen. Valea Călugărească, Rumänien (W. Gärtel).

75. Charakteristische Furchen der Holzrunzeligkeit auf dem Stamm einer kranken Rebe der Sorte Italia. Metaponto, Italien (G. P. Martelli).

76. Querschnitt durch den Stamm einer an Holzrunzeligkeit erkrankten Rebe (W. Gärtel).

72. Stem pitting (legno riccio). Outstanding pits and grooves on the scion of a vine (*V. vinifera*) after removal of the rhytidome (scale bark). Cultivar Ohanez, Cerignola, Italy (G. P. Martelli).

73. Symptoms of stem pitting on the rootstock Kober 5 BB of an infected vine of Païen (Heida) in Valais. The scion part of the vine shows no symptom, but declines progressively. Leytron, Switzerland (R. Bovey).

74. Stem pitting. Continuous longitudinal grooves on the rootstock of an infected vine. The scion shows no symptom. Valea Călugărească, Rumania (W. Gärtel).

75. Typical grooves of stem pitting (legno riccio) on the wood of a diseased vine of the cultivar Italia. Metaponto, Italy (G. P. Martelli).

76. Transverse section of the trunk of a vine affected by stem pitting (W. Gärtel).

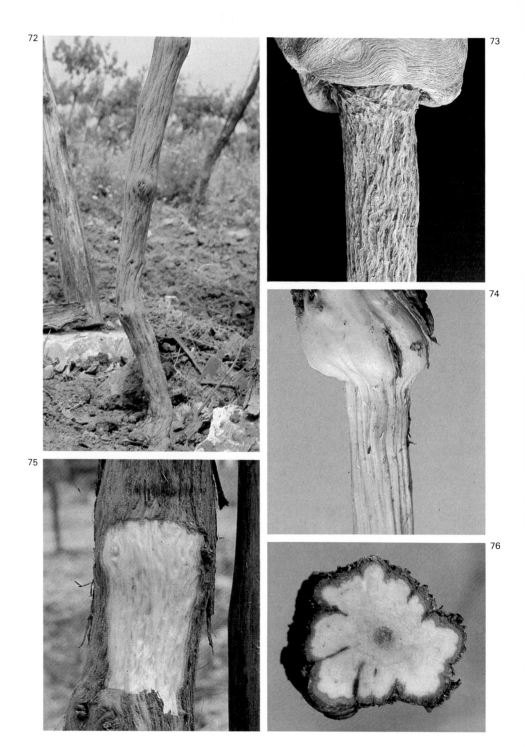

77. Bois strié. Symptômes sur le tronc d'une vigne malade de la variété Italia, bien visibles sur l'écorce au-dessus du point de greffe. On notera l'absence de symptômes sur le porte-greffe et la différence de diamètre entre le porte-greffe et la partie du tronc issue du greffon. Metaponto, Italie (G. P. Martelli).

78. Bois strié. Symptômes sur la partie du tronc issue du greffon, le porte-greffe étant exempt. Valea Călugărească, Roumanie (W. Gärtel).

79-80. Bois strié. Valea Călugărească, Roumanie (W. Gärtel).

81-82. Bois strié. Sillons longitudinaux à la surface du bois du tronc (81) et en relief inversé à la surface interne de l'écorce détachée (82). Valea Călugărească, Roumanie (W. Gärtel).

77. Holzrunzeligkeit. Die Symptome sind auf der Rinde des Stämmchens einer kranken Rebe der Sorte Italia oberhalb der Pfropfstelle leicht erkennbar. Man beachte das Fehlen von Symptomen auf der Unterlage und den unterschiedlichen Durchmesser von Unterlage und Edelreis. Metaponto, Italien (G. P. Martelli).

78. Holzrunzeligkeit. Symptome auf dem Edelreis; die Unterlage ist symptomlos. Valea Călugărească, Rumänien (W. Gärtel).

79-80. Holzrunzeligkeit. Valea Călugărească, Rumänien (W. Gärtel).

81-82. Holzrunzeligkeit. Längsrillen auf dem Holz des Stämmchens (81) und spiegelbildlicher Abdruck auf der Innenseite der Rinde (82). Valea Călugărească, Rumänien (W. Gärtel).

77. Stem pitting on the trunk of a diseased vine of the cultivar Italia. The pits and grooves are visible on the outer bark of the scion. Note the difference in diameter between scion and rootstock and the absence of symptoms on the rootstock. Metaponto, Italy (G. P. Martelli).

78. Stem pitting on the scion, the rootstock being symptomless. Valea Călugărească, Rumania (W. Gärtel).

79-80. Stem pitting. Valea Călugărească, Rumania (W. Gärtel).

81-82. Stem pitting. Longitudinal pits and grooves at the surface of the wood of the trunk (81) and in inverse relief on the internal surface of the detached bark (82). Valea Călugărească, Rumania (W. Gärtel).

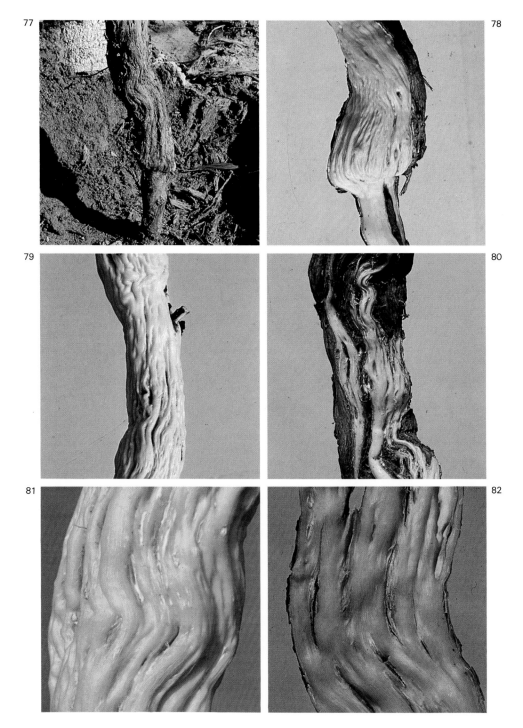

83. Moucheture jaune (yellow speckle). Symptômes sur les feuilles d'un clone de Grey Riesling provenant de Californie. Irymple, Victoria, Australie (A. R. Harris).
84. Moucheture jaune. Symptômes sur Mission. Burnley, Victoria, Australie (R. C. Woodham).

83. Gelbsprenkelung (Yellow speckle). Symptome an Blättern eines kalifornischen Klons der Sorte Grey Riesling. Irymple, Victoria, Australien (A. R. Harris).
84. Gelbsprenkelung. Symptome an Mission. Burnley, Victoria, Australien (R. C. Woodham).

83. Yellow speckle. Symptoms on the leaves of a clone of Grey Riesling from California. Irymple, Victoria, Australia (A. R. Harris).
84. Yellow speckle. Symptoms on Mission. Burnley, Victoria, Australia (R. C. Woodham).

83

84

85. Marbrure. Eclaircissement des nervures fines sur l'indicateur *V. rupestris* Saint-George. Changins / Nyon, Suisse (R. Bovey).
86. Marbrure. Symptômes sur *V. rupestris* Saint-George. Budapest, Hongrie (J. Lehoczky).
87. Marbrure. Enroulement du limbe vers la face supérieure et éclaircissement des nervures sur *V. rupestris* Saint-George. Changins / Nyon, Suisse (R. Bovey).
88. Mosaïque des nervures. Symptômes foliaires sur un rameau de *V. riparia* Gloire provenant de la Station de pathologie végétale de Colmar. Taches chlorotiques sur les nervures, léger gaufrage du limbe (R. Bovey).

85. Marmorierung. Aufhellung der feinen Adern auf Blättern des Indikators *V. rupestris* St. George. Changins / Nyon, Schweiz (R. Bovey).
86. Marmorierung. Symptome an *V. rupestris* St. George. Budapest, Ungarn (J. Lehoczky).
87. Marmorierung. Einrollen der Blattspreite nach oben und Adernaufhellung an *V. rupestris* St. George. Changins / Nyon, Schweiz (R. Bovey).
88. Adernmosaik. Blattsymptome auf einem Trieb von *V. riparia* Gloire aus dem Institut für Pflanzenkrankheiten in Colmar: gelbe Flecke auf den Adern, leicht genarbte Blattspreite (R. Bovey).

85. Fleck. Typical clearing of the small veins on the indicator *V. rupestris* St. George. Changins / Nyon, Switzerland (R. Bovey).
86. Fleck. Symptoms on *V. rupestris* St. George. Budapest, Hungary (J. Lehoczky).
87. Fleck. Rolling of the leaf blade towards the upper face and vein clearing on *V. rupestris* St. George. Changins / Nyon, Switzerland (R. Bovey).
88. Vein mosaic. Leaf symptoms on a shoot of *V. riparia* Gloire from the Plant Pathology Station of Colmar. Chlorotic spots on the veins, slight crinkling of the leaf blade (R. Bovey).

89. Mosaïque des nervures. Symptômes produits en serre sur *V. riparia* Gloire infecté par greffe. Colmar, France (A. Vuittenez).

90. Mosaïque des nervures. Symptômes produits en serre sur Seibel 10790. Colmar, France (A. Vuittenez).

89. Adernmosaik. Symptome auf *V. riparia* Gloire, hervorgerufen im Gewächshaus nach Infektion durch Pfropfung. Colmar, Frankreich (A. Vuittenez).

90. Adernmosaik. Symptome auf Seibel 10790 im Gewächshaus. Colmar, Frankreich (A. Vuittenez).

89. Vein mosaic. Symptoms produced in glasshouse on *V. riparia* Gloire. Colmar, France (A. Vuittenez).

90. Vein mosaic. Symptoms produced in glasshouse on Seibel 10790. Colmar, France (A. Vuittenez).

89

90

91. Nécrose des nervures. Symptômes sur le porte-greffe *V. rupestris* × *V. Berlandieri* 110 R, au champ. Changins/Nyon, Suisse (J. J. Brugger).
92. Nécrose des nervures. Symptômes sur une feuille de 110 R. Changins/Nyon, Suisse (R. Bovey).
93. Nécrose des nervures. Symptômes produits en serre sur 110 R: noircissement des nervures, stries longitudinales brunes sur les tiges, flétrissement puis dessèchement des vrilles et des sommets des pousses. Colmar, France (A. Vuittenez).

91. Adernnekrose. Symptome auf der Unterlage *V. rupestris* × *V. Berlandieri* 110 R im Freiland. Changins/Nyon, Schweiz (J. J. Brugger).
92. Adernnekrose. Symptome auf einem 110 R Blatt. Changins/Nyon, Schweiz (R. Bovey).
93. Adernnekrose. Symptome auf der Unterlage 110 R im Gewächshaus: Schwarzverfärbung der Adern, braune Längsstreifen an den Trieben, Welken und Vertrocknen der Ranken und der Triebspitzen. Colmar, Frankreich (A. Vuittenez).

91. Vein necrosis. Symptoms on the rootstock *V. rupestris* × *V. Berlandieri* 110 R, in the field. Changins/Nyon, Switzerland (J. J. Brugger).
92. Vein necrosis. Symptoms on a leaf of the rootstock 110 R. Changins/Nyon, Switzerland (R. Bovey).
93. Vein necrosis. Symptoms produced in glasshouse on the rootstock 110 R: blackening of the veins of the leaves, longitudinal brown streaks on the shoots, withering and drying up of tendrils and tops of the shoots. Colmar, France (A. Vuittenez).

91

92

93

94. Symptômes de type mosaïque étoilée sur *V. vinifera* au Chili (W. Gärtel).

95. Mosaïque étoilée. Symptômes sur l'indicateur *V. rupestris* Saint-George, qui est utilisé pour la mise en évidence de ce virus. L'éclaircissement des nervures primaires et secondaires est caractéristique. Davis, Californie (W. Gärtel).

96. Maladie du Joannes-Seyve. Symptômes sur le cépage Joannes-Seyve 26-205, très semblables à ceux du court-noué : entre-nœuds courts, sinus pétiolaires ouverts, nervures très rapprochées, limbe avec taches chlorotiques et dentelure acérée. Ontario, Canada (H. Dias).

97. Maladie du Joannes-Seyve. Symptômes de type panachure, avec jaunissement du limbe le long des nervures, chez la variété Joannes-Seyve 26-205. Ontario, Canada (H. Dias).

94. Symptome des Typs Sternmosaik an *V. vinifera* in Chile (W. Gärtel).

95. Sternmosaik. Symptome an dem Indikator *V. rupestris* St. George, der als Testpflanze für dieses Virus benutzt wird. Die Aufhellung der Adern erster und zweiter Ordnung ist charakteristisch. Davis, Kalifornien, USA (W. Gärtel).

96. Joannes-Seyve-Krankheit. Die Symptome an der Sorte Joannes-Seyve (26-205) sind jenen der Reisigkrankheit sehr ähnlich: Kurzinternodien, geöffnete Stielbuchten, geraffte Spreiten, chlorotische Flecke und scharfe Zähnung. Ontario, Kanada (H. Dias).

97. Joannes-Seyve-Krankheit. Panaschüreähnliche Symptome mit Vergilbung der Spreite entlang der Nerven an der Sorte Joannes-Seyve (26-205). Ontario, Kanada (H. Dias).

94. Asteroid mosaic-like symptoms on a cultivar of *V. vinifera* in Chile. (W. Gärtel).

95. Asteroid mosaic. Symptoms on the indicator *V. rupestris* St. George, which is used to detect this virus. The clearing of the primary and secondary veins is typical. Davis, California, USA (W. Gärtel).

96. Joannes-Seyve disease. Symptoms on Joannes-Seyve 26-205, very similar to those of fanleaf: short internodes, large petiolar sinuses, close venation, acute indentation, chlorotic spots on the leaf blade. Ontario, Canada (H. Dias).

97. Joannes-Seyve disease. Veinbanding-like symptoms with yellowing of the leaf blade along the veins, produced on Joannes-Seyve 26-205. Ontario, Canada (H. Dias).

94

95

96

97

98-99. Nécrose infectieuse. Symptômes sur les feuilles du porte-greffe *V. Berlandieri* × *V. riparia* Teleki 5 C à divers stades, allant de la faible chlorose entre les nervures (98 à gauche) à la nécrose des tissus (99 à droite). Bratislava, Tchécoslovaquie (G. Vanek).

98-99. Infektiöse Nekrose. Symptome an Blättern der Unterlage *V. Berlandieri* × *V. riparia* Teleki 5 C in verschiedenen Stadien, von schwacher Vergilbung zwischen den Blattadern (98 links) bis zur Gewebenekrose (99 rechts). Bratislava, Tschechoslowakei (G. Vanek).

98-99. Infectious necrosis. Symptoms on the leaves of the rootstock *V. Berlandieri* × *V. riparia* Teleki 5 C at various stages, from the beginning of interveinal chlorosis (98 left) to the necrosis of the tissues (99 right). Bratislava, Czechoslovakia (G. Vanek).

100. Nécrose des sarments. Premiers symptômes sur un jeune sarment de la variété Corniola: formation de stries nécrotiques brun verdâtre. Corato, Italie (G. P. Martelli).
101. Nécrose des sarments. Symptôme typique de la maladie avec nécrose totale d'un sarment, variété Corniola. Corato, Italie (G. P. Martelli).
102. Nécrose des sarments. Nécroses et craquelures à la base d'un sarment vigoureux de la variété Corniola. Ces symptômes présentent des analogies avec ceux d'une maladie bactérienne causée par *Xanthomonas ampelina* (fig. 130-133).

100. Triebnekrose. Erste Symptome auf einem jungen Trieb der Sorte Corniola: Bildung grünlich-brauner, nekrotischer Streifen. Corato, Italien (G. P. Martelli).
101. Triebnekrose. Typische Symptome der Krankheit mit totalem Absterben eines Triebes bei der Sorte Corniola. Corato, Italien (G. P. Martelli).
102. Triebnekrose. Nekrosen und Risse an der Basis eines kräftigen Triebes der Sorte Corniola. Die Symptome zeigen Ähnlichkeit mit einer durch *Xanthomonas ampelina* verursachten Bakterienkrankheit (Abb. 130-133). Corato, Italien (G. P. Martelli).

100. Shoot necrosis. First symptoms on a young shoot of Corniola: development of brown-greenish necrotic spots and streaks at the base of the shoot. Corato, Italy (G. P. Martelli).
101. Shoot necrosis. Typical symptom of the disease: extensive necrosis of the whole shoot. Cultivar Corniola. Corato, Italy (G. P. Martelli).
102. Shoot necrosis. Necrosis and cracks at the base of a vigorous shoot of Corniola. These symptoms are somewhat similar to those of a bacterial disease caused by *Xanthomonas ampelina* (fig. 130-133). Corato, Italy (G. P. Martelli).

101

102

103. Frisolée chlorotique de la vigne sur un cépage de *V. vinifera*, au Chili. Cette maladie, dont les causes ne sont pas encore clairement établies, est très répandue au Chili et en Argentine. Dans la région de Mendoza, elle est désignée sous le nom d'arrugamiento viroso. (W. Gärtel).

104. Frisolée chlorotique sur un cépage de *V. vinifera* : brunissement des entre-nœuds. Chili (W. Gärtel).

105. Frisolée chlorotique : épaississement, nécroses et fissures sur la rafle d'une grappe de Sultanine au Chili. Des symptômes identiques apparaissent sur les inflorescences. Ils ne doivent pas être confondus avec ceux du dessèchement de la rafle, qui produit aussi des nécroses sur la rafle, mais pas d'épaississements (W. Gärtel).

103. Chlorotisches Blattkräuseln an einer *V. vinifera* Sorte in Chile. Diese Krankheit, deren Ursache noch nicht eindeutig geklärt ist, ist in Chile und Argentinien weit verbreitet. In dem Rebenanbaugebiet von Mendoza wird sie u. a. als «arrugamiento viroso» (= viröses Kräuseln) bezeichnet (W. Gärtel).

104. Chlorotisches Blattkräuseln an einer *V. vinifera* Sorte: Bräunung der Internodien. Chile (W. Gärtel).

105. Chlorotisches Blattkräuseln. Anschwellungen, Nekrosen und Risse am Stielgerüst einer Sultanine-Traube in Chile. Ähnliche Veränderungen kann man auch an Gescheinen finden. Diese Symptome dürfen nicht mit jenen der Stiellähme verwechselt werden, die ebenfalls Nekrosen am Stielgerüst, jedoch keine Anschwellungen aufweisen (W. Gärtel).

103. Chlorotic leaf curl on a cultivar of *V. vinifera* in Chile. This disease, whose causes are not yet clearly established, is widespread in Chile and Argentina. In the viticultural area of Mendoza, it is called arrugamiento viroso (W. Gärtel).

104. Chlorotic leaf curl on a cultivar of *V. vinifera*. Browning of the internodes. Chile (W. Gärtel).

105. Chlorotic leaf curl. Thickenings, necroses and cracks on the stalk of a Thompson Seedless grape bunch in Chile. Similar symptoms develop on the inflorescences. They should not be confused with those of shanking, which also produces necroses on the cluster stalks, but no swellings (W. Gärtel).

103

104

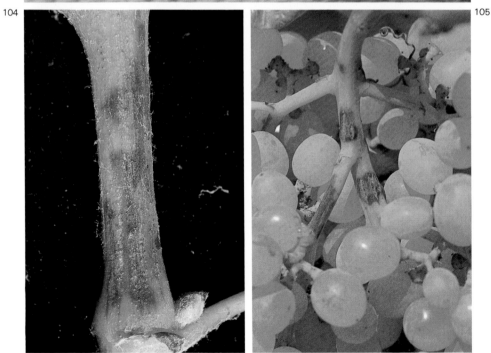

105

106. Flavescence dorée sur Baco 22 A. Jaunissement des feuilles et port pleureur. Armagnac, France (W. Gärtel).

107. Flavescence dorée sur Baco 22 A. Cep fortement atteint avec enroulement et chlorose des feuilles, port pleureur et manque de vigueur. Ognoas, Armagnac, France (A. Caudwell).

108. Flavescence dorée. Symptômes sur feuilles de Baco 22 A: chlorose et nécroses le long des nervures. Armagnac, France (W. Gärtel).

106. Flavescence dorée an Baco 22 A. Vergilbung der Blätter und Trauertracht der Triebe. Armagnac, Frankreich (W. Gärtel).

107. Flavescence dorée an Baco 22 A. Stark erkrankter Rebstock mit Rollen und Chlorose der Blätter, Trauertracht und Kümmerwuchs. Ognoas, Armagnac, Frankreich (A. Caudwell).

108. Flavescence dorée an Baco 22 A. Chlorose und Nekrosen entlang der Blattadern. Armagnac, Frankreich (W. Gärtel).

106. Flavescence dorée on Baco 22 A. Yellowing of the leaves and weeping habit of the shoots. Armagnac, France (W. Gärtel).

107. Flavescence dorée on Baco 22 A. Severely diseased plant with leaf rolling and chlorosis, weeping habit and lack in vigour. Ognoas, Armagnac, France (A. Caudwell).

108. Flavescence dorée. Symptoms on leaves of Baco 22 A. Chlorosis and necroses along the veins. Armagnac, France (W. Gärtel).

106

107

108

109. Flavescence dorée sur Baco 22 A. Jeune sarment avec entre-nœuds courts, nécroses et feuilles enroulées, et portant une grappe desséchée. Noter l'absence de débourrement de plusieurs yeux sur la branche fruitière. Ognoas, Armagnac, France (R. Bovey).

110. Flavescence dorée sur Baco 22 A. Enroulement et chlorose caractéristiques des feuilles, avec reflets métalliques. Ognoas, Armagnac, France (A. Caudwell).

111. Flavescence dorée sur Baco 22 A. Symptômes foliaires précoces avec enroulement et reflets dorés. Armagnac, France (W. Gärtel).

112. Flavescence dorée sur Baco 22 A. Enroulement et chlorose le long des nervures. Armagnac, France (A. Caudwell).

109. Flavescence dorée an Baco 22 A. Junger Trieb mit Kurzinternodien, Nekrosen, eingerollten Blättern und einer vertrockneten Traube. Mehrere Knospen der Fruchtrute sind nicht ausgetrieben. Ognoas, Armagnac, Frankreich (R. Bovey).

110. Flavescence dorée an Baco 22 A. Typisches Einrollen und Vergilben der Blätter mit metallischem Glanz. Ognoas, Armagnac, Frankreich (A. Caudwell).

111. Flavescence dorée an Baco 22 A. Erste Blattsymptome mit Rollen und goldgelbem Glanz. Armagnac, Frankreich (W. Gärtel).

112. Flavescence dorée an Baco 22 A. Blattrollen und Vergilbung entlang der Blattadern. Armagnac, Frankreich (A. Caudwell).

109. Flavescence dorée on Baco 22 A. Young shoot with short internodes, necroses, rolled leaves and a dried up cluster. Several buds of the fruiting branch did not burst out. Ognoas, Armagnac, France (R. Bovey).

110. Flavescence dorée on Baco 22 A. Typical rolling and chlorosis of the leaves, with metallic glitter. Ognoas, Armagnac, France (A. Caudwell).

111. Flavescence dorée on Baco 22 A. Early leaf symptoms with rolling and golden glitter. Armagnac, France (W. Gärtel).

112. Flavescence dorée on Baco 22 A. Rolling of the leaf blade and chlorosis along the veins. Armagnac, France (A. Caudwell).

113. Bois noir sur Chardonnay. Cep malade montrant les principaux symptômes: feuilles enroulées à surface brillante, avec taches chlorotiques et nécroses, grappes flétries. Arbois, Jura, France (R. Bovey).

114. Bois noir sur Chardonnay. Cep malade montrant l'enroulement et la chlorose des feuilles. Vergisson/Mâcon, France (R. Bovey).

115. Bois noir sur Regina. Jaunissement et nécrose des nervures, flétrissement de la grappe. Valea Călugărească, Roumanie (W. Gärtel).

113. Schwarzholzkrankheit an Chardonnay. Der Rebstock zeigt die wichtigsten Symptome der Krankheit: eingerollte Blätter mit glänzender Oberfläche, chlorotische Flecke und Nekrosen, verwelkte Traube. Arbois, Jura, Frankreich (R. Bovey).

114. Schwarzholzkrankheit an Chardonnay. Kranker Rebstock mit Einrollen und Chlorose der Blätter. Vergisson/Mâcon, Frankreich (R. Bovey).

115. Schwarzholzkrankheit an Regina. Blattvergilbung, Adernnekrose und Traubenwelke. Valea Călugărească, Rumänien (W. Gärtel).

113. Black wood disease on Chardonnay. Infected shoot showing the main symptoms of this disease: rolled leaves with glittering surface, chlorotic spots and necroses, wrinkled berries. Arbois, Jura, France (R. Bovey).

114. Black wood disease on Chardonnay. Infected vine showing the typical rolling and chlorosis of the leaves. Vergisson/Mâcon, France (R. Bovey).

115. Black wood disease on Regina. Yellowing and necrosis of the veins, wilting of the grape bunch. Valea Călugărească, Rumania (W. Gärtel).

113

114

115

116. Jaunisse de type bois noir en Allemagne fédérale. Entre-nœuds courts et disposés en zig-zag, feuilles enroulées et formant une figure caractéristique avec l'aspect d'un sapin (comparer avec la fig. 109, flavescence dorée). Scheu-Rebe (Sylvaner × Riesling). Bernkastel-Kues, Moselle (W. Gärtel).

117. Jaunisse de type bois noir en Allemagne fédérale. Maturité incomplète des sarments. Scheu-Rebe (Sylvaner × Riesling). Bernkastel-Kues, Moselle (W. Gärtel).

118. Nécroses de l'écorce de forme elliptique, caractéristiques de la maladie du bois noir, sur Riesling. Bernkastel-Kues, Moselle, RFA (W. Gärtel).

119. Jaunisse de type bois noir en Allemagne fédérale. Brunissement typique de zones limitées par les nervures primaires et secondaires, sur Riesling. Ce symptôme se manifeste aussi sur Chardonnay. Chez la variété Scheu-Rebe (Sylvaner × Riesling), ce brunissement évolue rapidement vers une nécrose totale du mésophylle. Mehring, Moselle (W. Gärtel).

116. Vergilbungskrankheit des Typs «Schwarzholz» in der Bundesrepublik Deutschland. Kurze, zickzackartig angeordnete Internodien, eingerollte Blätter, charakteristische Blattstellung in «Tannenbaumform» (vergleiche mit Abb. 109, flavescence dorée). Scheu-Rebe (Silvaner × Riesling). Bernkastel-Kues, Mosel (W. Gärtel).

117. Vergilbungskrankheit des Typs «Schwarzholz» in der Bundesrepublik Deutschland. Ungleichmäßige Holzreife. Scheu-Rebe (Silvaner × Riesling). Bernkastel-Kues, Mosel (W. Gärtel).

118. Schwarzholzkrankheit. Charakteristische Rindenwarzen auf einem mangelhaft ausgereiften Rieslingtrieb. Bernkastel-Kues, Mosel, Bundesrepublik Deutschland, (W. Gärtel).

119. Vergilbungskrankheit des Typs «Schwarzholz» in der Bundesrepublik Deutschland. Scharf abgegrenzte Bräunung einzelner Interkostalfelder. Das Symptom ist auch an Chardonnay häufig anzutreffen. Bei der Scheu-Rebe (Silvaner × Riesling) gehen die gebräunten Teile schnell in totale Nekrosen des Mesophylls über. Mehring, Mosel, (W. Gärtel).

116. Yellows of the black wood type in West Germany. Short internodes and zig-zag growth with rolled leaves conferring a fir-like appearance (compare with fig. 109, flavescence dorée). Scheu-Rebe (Sylvaner × Riesling). Bernkastel-Kues, Mosel (W. Gärtel).

117. Yellows of the black wood type in West Germany. Incomplete maturity of the shoots. Scheu-Rebe (Sylvaner × Riesling). Bernkastel-Kues, Mosel (W. Gärtel).

118. Elliptic necrotic blisters of the bark, typical of the black wood disease, on Riesling. Bernkastel-Kues, Mosel, West Germany (W. Gärtel).

119. Yellows of the black wood type in West Germany. Typical browning of interveinal areas limited by veins of first or second order, on Riesling. This symptom also occurs on Chardonnay. On Scheu-Rebe (Sylvaner × Riesling), this browning is rapidly followed by a total necrosis of the mesophyll. Mehring, Mosel (W. Gärtel).

120. Jaunisse de type bois noir en Allemagne fédérale. Enroulement et jaunissement du limbe le long des nervures, sur Riesling. Bernkastel-Kues, Moselle (W. Gärtel).

121. Jaunisse de type bois noir en Allemagne fédérale. Jaunissement des nervures rappelant la panachure réticulée, sur Riesling. Boppard, Rhin (W. Gärtel).

122. Jaunisse de type bois noir en Allemagne fédérale. Jaunissement plus étendu et nécroses du limbe, sur Riesling. Boppard, Rhin (W. Gärtel).

123. Jaunisse de type bois noir en Allemagne fédérale. Rougissement et enroulement du limbe chez le cépage rouge César. Bernkastel-Kues, Moselle (W. Gärtel).

124. Jaunisse de type bois noir en Allemagne fédérale. Enroulement des feuilles, aspect métallique du limbe, qui, à ce stade, est rigide et cassant. Scheu-Rebe (Sylvaner × Riesling). Bernkastel-Kues, Moselle (W. Gärtel).

120. Vergilbungskrankheit des Typs «Schwarzholz» in der Bundesrepublik Deutschland. Vergilbung der Blätter entlang der Adern und Einrollen der Blattspreite an Riesling. Bernkastel-Kues, Mosel (W. Gärtel).

121. Vergilbungskrankheit des Typs «Schwarzholz» in der Bundesrepublik Deutschland. Vergilbung entlang der Blattnerven an Riesling. Diese Symptome sind der Adernbänderung (veinbanding), die durch bestimmte Stämme des Fanleaf-Virus verursacht wird, sehr ähnlich. Boppard, Rhein (W. Gärtel).

122. Vergilbungskrankheit des Typs «Schwarzholz» in der Bundesrepublik Deutschland. Ausgedehnte Vergilbungen und Nekrosen an Riesling. Boppard, Rhein (W. Gärtel).

123. Vergilbungskrankheit des Typs «Schwarzholz» in der Bundesrepublik Deutschland. Rotfärbung mit metallischem Glanz und Einrollen der Spreite bei der roten Sorte Caesar. Bernkastel-Kues, Mosel (W. Gärtel).

124. Vergilbungskrankheit des Typs «Schwarzholz» in der Bundesrepublik Deutschland. Eingerollte Blätter mit metallischem Glanz. In diesem Stadium sind die Spreiten besonders spröde und brüchig. Scheu-Rebe (Silvaner × Riesling). Bernkastel-Kues, Mosel (W. Gärtel).

120. Yellows of the black wood type in West Germany. Rolling and yellowing of the leaf blade along the veins, on Riesling. Bernkastel-Kues, Mosel (W. Gärtel).

121. Yellows of the black wood type in West Germany. Yellowing of the veins similar to the symptoms of veinbanding, on Riesling. Boppard, Rhine (W. Gärtel).

122. Yellows of the black wood type in West Germany. More pronounced yellowing and necrosis of the leaf blade on Riesling. Boppard, Rhine (W. Gärtel).

123. Yellows of the black wood type in West Germany. Reddening and rolling of the leaf blade on the red cultivar Caesar. Bernkastel-Kues, Mosel, (W. Gärtel).

124. Yellows of the black wood type in West Germany. Rolling of the leaves, metallic aspect of the leaf blade, which is rigid and brittle at this stage, on Scheu-Rebe (Sylvaner × Riesling). Bernkastel-Kues, Mosel (W. Gärtel).

125-126. Maladie de Pierce sur Carignan. Aspect d'un cep infecté, dessèchement et rougissement des feuilles, manque de vigueur (125). Dessèchement et rougissement du limbe (126). Napa Valley, Californie, USA (W. Gärtel).

125-126. Pierce'sche Krankheit an Carignan. Vertrocknungen und Rotverfärbung der Blätter, Schwachwüchsigkeit (Abb. 125). Rotverfärbung und Verdorren der Spreite (Abb. 126). Napa Valley, Kalifornien, USA (W. Gärtel).

125-126. Pierce's disease on Carignane. Aspect of an infected vine, drying up and reddening of the leaves, lack in vigour (125). Drying up and reddening of the leaf blade (126). Napa Valley, California, USA (W. Gärtel).

125

126

127. Maladie de Pierce. Jaunissement et dessèchement du feuillage sur Sauvignon blanc. Napa Valley, Californie, USA (R. Bovey).

128-129. Maladie de Pierce. Détail des symptômes sur feuilles: dessèchement brusque à partir des bords du limbe (128), rougissement (129). Napa Valley, Californie, USA (W. Gärtel).

127. Pierce'sche Krankheit. Vergilbung und Vertrocknung des Laubes an Weißem Sauvignon. Napa Valley, Kalifornien, USA (R. Bovey).

128-129. Pierce'sche Krankheit an einer *V. vinifera* Sorte. Plötzliches Vertrocknen der Blattspreite vom Rande her (Abb. 128) und Rotfärbung (Abb. 129). Napa Valley, Kalifornien, USA (W. Gärtel).

127. Pierce's disease. Yellowing and drying up of the foliage on Sauvignon blanc. Napa Valley, California, USA (R. Bovey).

128-129. Pierce's disease on a cultivar of *V. vinifera*. Detail of the symptoms on leaves: sudden drying up of the leaf blade from the edges (128), reddening (129). Napa Valley, California, USA (W. Gärtel).

127

128

129

130. Nécrose bactérienne causée par *Xanthomonas ampelina* sur un cépage de *V. vinifera*. Nécroses et crevasses longitudinales sur les sarments, dessèchement total ou partiel des feuilles. Crète, Grèce (C. G. Panagopoulos).

131. Nécrose bactérienne. Fissure longitudinale sur le sarment d'un cep de Sultanine. Crète, Grèce (W. Gärtel).

132. Nécrose bactérienne. Chlorose et nécrose sectorielles du limbe sur la variété Rosaki en Afrique du Sud. Des symptômes de jaunissement et de nécroses sectoriels se produisent aussi avec les jaunisses de la vigne (fig. 119) ou le rougeot (*Pseudopeziza tracheiphila*), mais ils sont en général nettement délimités par les nervures de deuxième ordre (W. Gärtel).

133. Nécrose bactérienne. Grappe de la variété Rosaki présentant des nécroses et des fissures sur la rafle. Les quelques baies qui subsistent sont petites et en partie ratatinées. Des anomalies semblables se produisent sur les grappes avec la maladie du bois noir (fig. 115). Afrique du Sud (W. Gärtel).

130. Bakteriennekrose, verursacht durch *Xanthomonas ampelina* an einer *V. vinifera* Sorte. Nekrosen und Längsrisse an Trieben, partielles oder totales Vertrocknen der Blätter. Kreta, Griechenland (C. G. Panagopoulos).

131. Bakteriennekrose. Längsriß an einem Sultanine-Trieb. Kreta, Griechenland (W. Gärtel).

132. Bakteriennekrose. Sektoriale Vergilbung und Nekrose an einer Rosaki-Blattspreite. Auch bei der Vergilbungskrankheit (Abb. 119) und dem Roten Brenner (*Pseudopeziza tracheiphila*) treten sektoriale Verfärbungen und Nekrosen auf. Sie sind aber in der Regel von den Blattnerven zweiter Ordnung streng abgegrenzt. Südafrika (W. Gärtel).

133. Bakteriennekrose. Längs- und Querrisse, Verschorfungen und Nekrosen am Stielgerüst einer Rosaki-Traube. Die wenigen übriggebliebenen Beeren sind klein und z. T. eingeschrumpft. Ähnliche Veränderungen an Trauben können auch bei der Schwarzholzkrankheit auftreten (Abb. 115). Südafrika (W. Gärtel).

130. Bacterial necrosis, caused by *Xanthomonas ampelina*, on a cultivar of *V. vinifera*. Longitudinal necroses and cracks on the shoots, partial or total drying up of the leaves. Crete, Greece (C. G. Panagopoulos).

131. Bacterial necrosis. Longitudinal crack on a shoot of Thompson seedless. Crete, Greece (W. Gärtel).

132. Bacterial necrosis. Sectorial chlorosis and necrosis of the leaf blade on Rosaki in South Africa. Symptoms of sectorial yellowing and necrosis also occur with grapevine yellows diseases (fig. 119) or with the Brenner disease caused by *Pseudopeziza tracheiphila*, but in these cases they are usually sharply delimited by secondary veins (W. Gärtel).

133. Bacterial necrosis. Grape bunch of Rosaki showing necroses and cracks on the stalk. The few berries that remain are small and partly shrivelled. Similar abnormalities occur on the bunches with the black wood disease (fig. 115). South Africa (W. Gärtel).

130

131

132

133

134. Eutypiose de la vigne, produite par le champignon *Eutypa armeniacae*. Entrenœuds courts, feuilles petites et déformées, mauvais aoûtement, très faible vigueur. Changins'/Nyon, Suisse (R. Bovey).

135. Excoriose, causée par le champignon *Phomopsis viticola*. Fissures et nécroses longitudinales sur un sarment de Chasselas. Des nécroses sont également visibles sur la rafle de la grappe et sur les pétioles. Chigny, Suisse (A. Bolay).

136. Esca. Cette maladie, fréquente dans les vignobles méridionaux, est causée par divers champignons lignicoles, surtout *Stereum hirsutum* et *Phellinus igniarius*. En été, par temps chaud et sec, elle peut provoquer un dépérissement rapide des ceps (apoplexie). Les feuilles se dessèchent à partir des bords, tout d'abord sans brunissement des tissus. Ce stade peut être confondu avec les symptômes de la maladie de Pierce (fig. 128). Variété Fetească albă, Roumanie (W. Gärtel).

137. Esca. Stade plus avancé des symptômes foliaires sur Fetească albă (W. Gärtel).

138-139. Chlorose, rougissement et nécrose des feuilles produits par le champignon *Phymatotrichum omnivorum*, agent du «cotton root rot», sur la vigne au Mexique. Cette maladie est également présente dans le Sud-Ouest des Etats-Unis. (W. Gärtel).

134. Eutypose der Rebe, ausgelöst an Gamay durch den Pilz *Eutypa armeniacae:* kurze Internodien, kleine, deformierte Blätter, mangelhafte Ausreife, Schwachwüchsigkeit. Changins/Nyon, Schweiz (R. Bovey).

135. Schwarzfleckenkrankheit (Exkoriose), verursacht durch den Pilz *Phomopsis viticola*. Längsrisse und Nekrosen an einem Gutedeltrieb. Auch an den Trauben- und Blattstielen sind Nekrosen zu erkennen. Chigny, Schweiz (A. Bolay).

136. Esca. Die Krankheit tritt vor allem in wärmeren Ländern auf; sie wird durch mehrere holzzerstörende Pilze, vor allem durch *Stereum hirsutum* und *Phellinus igniarius* verursacht. Im Sommer, bei heißem, trockenem Wetter, kann es zu sehr raschem Vertrocknen und Absterben ganzer Reben kommen (Apoplexie). An Blättern fallen die ersten Symptome durch Eintrocknen des Blattrandes, zunächst ohne Bräunung des Gewebes, auf. Sorte: Fetească albă, Rumänien (W. Gärtel).

137. Esca. Blattschäden im fortgeschrittenen Stadium an Fetească albă. (W. Gärtel).

138-139. Vergilbungen, Rotverfärbung und Nekrosen an Rebblättern in Mexiko, verursacht durch den Pilz *Phymatotrichum omnivorum*, dem Erreger der Baumwollwurzelfäule (cotton root rot). Diese Krankheit tritt auch im Südwesten der USA an Reben auf. (W. Gärtel).

134. Eutypa dieback of grapevine on Gamay, caused by the fungus *Eutypa armeniacae*. Short internodes, small and deformed leaves, insufficient maturity of the canes, lack in vigour. Changins/Nyon, Switzerland (R. Bovey).

135. Dead arm disease, caused by the fungus *Phomopsis viticola*. Longitudinal cracks and necroses on a shoot of Chasselas. Necroses are also visible on the bunch-stalk and on the petioles. Chigny, Switzerland (A. Bolay).

136. Esca on Fetească albă. This disease, which occurs in warm regions, is caused by several lignicolous fungi, mainly *Stereum hirsutum* and *Phellinus ignarius*. In summer, by warm and dry weather, it can produce a rapid dieback of the vines (apoplexy). The leaves dry up from the edges, at first without browning. Rumania (W. Gärtel).

137. Esca. Later stage of foliar symptoms on Fetească albă, in Rumania (W. Gärtel).

138-139. Chlorosis, reddening and necrosis of the leaves produced by the fungus *Phymatotricum omnivorum*, agent of cotton root rot, on grapevine in Mexico. This disease is also present in the south-west of USA (W. Gärtel).

140. Symptômes de carence en bore sur une feuille de Riesling. Chlorose en mosaïque s'étendant entre les nervures secondaires. Moselle, RFA (W. Gärtel).

141. Nécrose des nervures causée par une forte carence en bore sur une feuille de Riesling. On peut confondre ce symptôme avec ceux de la nécrose des nervures (fig. 91-93) (W. Gärtel).

142. Symptômes de carence en bore sur le cépage Pais (synonyme de Mission) au Chili. Chlorose en mosaïque entre les nervures secondaires, avec accumulation d'anthocyanes (W. Gärtel).

143. Craquelures longitudinales produites par une carence en bore sur les sarments du cépage Pais (Mission) au Chili. Noter l'analogie avec les symptômes de l'écorce liégeuse (corky bark) (W. Gärtel).

140. Bormangelsymptome an einem Rieslingblatt: mosaikartige interkostale Vergilbung. Moseltal, Bundesrepublik Deutschland (W. Gärtel).

141. Nekrotisierte Adern infolge starken Bormangels an einem Rieslingblatt. Das Symptom kann zu Verwechslungen mit der Adernnekrose (Abb. 91-93) führen (W. Gärtel).

142. Bormangelsymptome an Blättern der Sorte Pais (Synonym: Mission) in Chile. Mosaikartige interkostale Vergilbung und Anthocyaneinlagerung (W. Gärtel).

143. Durch Bormangel in der Rinde verholzter Triebe der Sorte Pais (Mission) verursachte Längsrisse in Chile. Man beachte die Ähnlichkeit mit Symptomen der Korkrindenkrankheit (corky bark) (W. Gärtel).

140. Symptoms of boron deficiency on a leaf of Riesling. Chlorosis in mosaic pattern extending between the secondary veins. Mosel Valley, West Germany (W. Gärtel).

141. Necrosis of small veins of the leaves caused by a severe boron deficiency on Riesling. These symptoms can be confused with those of vein necrosis (fig. 91-93) (W. Gärtel).

142. Symptoms of boron deficiency on the leaves of the cultivar Pais (synonym of Mission) in Chile. Chlorosis in mosaic pattern between the secondary veins, with accumulation of anthocyanins (W. Gärtel).

143. Longitudinal splits produced by boron deficiency on the shoots of the cultivar Pais (Mission) in Chile. These symptoms closely resemble those of corky bark (W. Gärtel).

140

141

142

143

144. Carence en magnésium sur Riesling × Sylvaner. Stade précoce, vers l'époque de la floraison: légère chlorose entre les nervures secondaires et taches annulaires nécrotiques. Bernkastel-Kues, Moselle, RFA (W. Gärtel).
145. Symptômes d'été et d'automne de la carence en magnésium sur le cépage blanc Riesling: jaunissement du limbe sur les bords et entre les nervures principales. Bernkastel-Kues, Moselle, RFA (W. Gärtel).
146. Symptômes de carence en magnésium durant l'été et l'automne sur le cépage rouge Pais (Mission): rougissement du limbe sur les bords et entre les nervures principales. Les bandes de tissu foliaire qui restent vertes le long des nervures sont plus larges que dans le cas de l'enroulement. Chili (W. Gärtel).
147. Carence en manganèse sur Riesling dans les vignobles à sol calcaire de la vallée supérieure de la Moselle, RFA (W. Gärtel).
148. Carence en potassium sur le cépage blanc Riesling × Sylvaner: brunissure du limbe entre les nervures principales. Kesten, Moselle, RFA (W. Gärtel).
149. Carence en potassium sur un cépage rouge de *V. vinifera*: brunissure du limbe avec rougissement des bords. France (W. Gärtel).

144. Magnesiummangel an Müller-Thurgau (Riesling × Silvaner). Frühstadium, etwa zur Zeit der Blüte, mit leichter interkostaler Vergilbung und nekrotischen Ringflecken. Bernkastel-Kues, Mosel, Bundesrepublik Deutschland (W. Gärtel).
145. Magnesiummangel an der weißen Sorte Riesling. Sommer- und Herbst-Stadium: Vergilbung der Blätter am Rand und zwischen den Hauptnerven. Bernkastel-Kues, Mosel, Bundesrepublik Deutschland (W. Gärtel).
146. Magnesiummangel an der roten Sorte Pais (Mission). Sommer- und Herbst-Stadium: Rotverfärbung der Blattspreiten am Rand und zwischen den Adern. Das grün bleibende Gewebe längs der Adern erster und zweiter Ordnung ist breiter als bei der Blattrollkrankheit. Chile (W. Gärtel).
147. Manganmangel an Riesling auf Kalkböden der Obermosel. (W. Gärtel).
148. Kaliummangel an der weißen Sorte Müller-Thurgau: Blattbräune zwischen den Adern. Kesten, Mosel, Bundesrepublik Deutschland (W. Gärtel).
149. Kaliummangel an einer roten *V. vinifera* Sorte: Blattbräune und rotgefärbte Blattränder. Frankreich (W. Gärtel).

144. Magnesium deficiency on Riesling × Sylvaner. Early symptoms, about the time of flowering: slight chlorosis between the secondary veins, and necrotic ringspots. Bernkastel-Kues, Mosel, West Germany (W. Gärtel).
145. Summer and autumn symptoms of magnesium deficiency on the white cultivar Riesling: yellowing of the leaf blade on the edges and between the main veins. Bernkastel-Kues, Mosel, West Germany (W. Gärtel).
146. Summer and autumn symptoms of magnesium deficiency on the red cultivar Pais (Mission): reddening of the edges and of the interveinal tissue of the leaf blade. The bands of tissue that remain green along the primary and secondary veins are larger than on leafroll-infected leaves. Chile (W. Gärtel).
147. Manganese deficiency on Riesling on the chalky soils of the High Mosel Valley, West Germany. (W. Gärtel).
148. Potassium deficiency on the white cultivar Riesling × Sylvaner: browning of the leaf blade between the main veins. Kesten, Mosel, West Germany (W. Gärtel).
149. Potassium deficiency on a red cultivar of *V. vinifera*: browning of the leaf blade and reddening of the edges. France (W. Gärtel).

150. Forts symptômes de carence en fer sur Fetească albă en Roumanie: sarments rabougris, feuilles petites, chlorotiques et partiellement nécrosées.
Roumanie (W. Gärtel).

151. Feuille du cépage Fetească albă montrant les symptômes typiques de la carence en fer: chlorose s'étendant à la majeure partie du limbe, à l'exception des nervures principales et secondaires, sur lesquelles subsiste une étroite bande verte, beaucoup moins étendue que dans le cas de la carence en magnésium (fig. 145).
Roumanie (W. Gärtel).

152. Carence en zinc sur Muscat d'Alexandrie dans une pépinière. Asymétrie du limbe, sinus pétiolaires largement ouverts, dentelure acérée, jaunissement en mosaïque entre les nervures. Chili (W. Gärtel).

153. Forts symptômes de carence en zinc, avec nécroses du limbe, dentelure acérée et large sinus pétiolaire, en Roumanie. La carence en zinc peut être facilement confondue avec le court-noué. Une maladie produisant des symptômes semblables a été décrite en Tchécoslovaquie sous le nom de nécrose infectieuse (fig. 98-99). (W. Gärtel).

150. Starke Eisenmangelsymptome auf Fetească albă in Rumänien: vergilbte Triebe mit kleinen, chlorotischen, teilweise nekrotisierten Blättern. Rumänien (W. Gärtel).

151. Durch Eisenmangel verursachte typische Symptome an der Sorte Fetească albă. Die Chlorose erfaßt fast die ganze Blattspreite mit Ausnahme eines schmalen grünen Saums entlang der Haupt- und Nebenadern. Dieses Band ist viel schmäler als beim Magnesiummangel (Abb. 145). Rumänien (W. Gärtel).

152. Zinkmangel in einer Rebschule an Muskat von Alexandrien. Charakteristisch sind die Asymmetrie der Spreite, die offenen Stielbuchten, die scharfe Zähnung und die mosaikartigen interkostalen Vergilbungen. Chile (W. Gärtel).

153. Sehr starker Zinkmangel mit interkostalen Nekrosen, extrem spitzer Zähnung und weit geöffneter Stielbucht, in Rumänien. Der Zinkmangel kann leicht zu Verwechslungen mit dem Fanleaf führen. Eine in der Tschechoslowakei als «Ansteckende Nekrose» beschriebene Krankheit weist sehr ähnliche Symptome auf (Abb. 98-99). (W. Gärtel).

150. Severe symptoms of iron deficiency on Fetească albă in Rumania: dwarfing of the shoots, small chlorotic and partly necrotic leaves.
Rumania (W. Gärtel).

151. Leaf of Fetească albă showing typical symptoms of iron deficiency: chlorosis extending to most of the leaf blade, except for a very narrow green band along the main and secondary veins. This green veinbanding is much narrower than that of magnesium deficiency. Rumania (W. Gärtel).

152. Zinc deficiency on Muscat of Alexandria in a nursery. Asymmetry of the leaf blade, wide open petiolar sinuses, sharp indentation and mosaic-like interveinal yellowing. Chile (W. Gärtel).

153. Severe symptoms of zinc deficiency, with interveinal necrosis, very sharp indentation and wide petiolar sinuses, in Rumania. Zinc deficiency can be easily confused with fanleaf. A disease with similar symptoms has been described in Czechoslovakia under the name of infectious necrosis (fig. 98-99). (W. Gärtel).

154. Mosaïque produite par l'action du froid sur une feuille de Sangiovese. Les petites taches claires ont un contour délimité par les nervures fines. Tarente, Italie (G- P. Martelli).

155. Taches translucides sur une feuille de Chasselas sans virus. Ce symptôme est très commun chez le Chasselas et a probablement une origine génétique. Il peut être confondu avec les piqûres de l'agent de l'acariose, *Calepitrimerus vitis*. Pully, Suisse (R. Bovey).

156-157. Panachure génétique. Ces symptômes se distinguent de ceux des divers types de panachures virales par la couleur généralement plus claire des zones décolorées et par leur contour plus nettement délimité. Hongrie (R. Bovey).

158. Croissance défectueuse d'un clone de Pinot noir, résultant d'une incompatibilité avec le porte-greffe Kober 5 BB. Faible croissance ou dépérissement du greffon, chlorose et rougissement du feuillage. Colmar, France (A. Vuittenez).

154. Durch Kälte an einem Sangiovese-Blatt verursachtes Mosaik. Die kleinen chlorotischen Flecke haben einen eckigen Umriß, der von den feinen Adern begrenzt wird. Tarento, Italien (G. P. Martelli).

155. Durchscheinende Flecke an einem Blatt von virusfreiem Gutedel. Dieses, an Gutedel häufig vorkommende Symptom, ist wahrscheinlich genetisch bedingt. Es kann mit Stichwunden durch die Kräuselmilbe (*Calepitrimerus vitis*) verwechselt werden. Pully, Schweiz (R. Bovey).

156-157. Genetische Panaschüre. Diese Symptome unterscheiden sich von den verschiedenen Panaschüretypen, die durch Viren hervorgerufen werden. Die Farbe der ausgebleichten Zonen ist meist heller und schärfer abgegrenzt. Ungarn (R. Bovey).

158. Wachstumsstörungen an einem Spätburgunderklon infolge Unverträglichkeit mit der Unterlage Kober 5 BB. Schwacher Wuchs oder Absterben des Edelreises, Vergilbung und Rotverfärbung der Blätter. Colmar, Frankreich (A. Vuittenez).

154. Frost-induced mosaic on a leaf of Sangiovese. The smaller discoloured areas have an angular outline delimited by small veins. Taranto, Italy (G. P. Martelli).

155. Translucent spots on the small veins of a leaf of Chasselas which is virus-free. This symptom is very common on Chasselas and is probably of genetical origin. It can be confused with nutrition damage of the rust mite, *Calepitrimerus vitis*. Pully, Switzerland (R. Bovey).

156-157. Genetical variation on a cultivar of *V. vinifera*. These symptoms differ from those of the various types of yellow mosaic produced by viruses. The discoloured areas are pale yellow or greenish and their margin outlines are sharply delimited. Hungary (R. Bovey).

158. Defective growth of a clone of Pinot noir due to an incompatibility with the rootstock Kober 5 BB. Weak growth or dieback of the scion, chlorosis and reddening of the foliage. Colmar, France (A. Vuittenez).

154 155 156 157 158

159. Dégâts produits sur une feuille de vigne par l'herbicide paraquat (gramoxone): chlorose s'étendant à partir du point de contact, puis nécrose. Valais, Suisse (G. Neury).

160. Jaunissement et nécrose du limbe causés par une pulvérisation de paraquat sur Riesling (W. Gärtel).

161. Jaunissement et nécrose des feuilles causés par l'absorption de simazine par les racines. Baden, RFA (W. Gärtel).

162. Jaunissement très accentué d'une feuille de vigne causé par l'absorption de simazine par les racines. Lecce, Italie (G. P. Martelli).

163. Jaunissement des nervures causé par l'absorption de monuron par les racines. Le diuron produit des symptômes identiques. Ce jaunissement peut être confondu avec la panachure réticulée, causée par certaines souches du virus du court-noué, et avec le jaunissement des nervures (yellow vein). Lecce, Italie (G. P. Martelli).

164. Jaunissement des feuilles causé par le mélange d'herbicides terbuthylazine-terbumétone (caragarde) absorbé par les racines. Valais, Suisse (G. Neury).

159. Schäden, verursacht durch das Herbizid Paraquat (Gramoxone) auf Rebblättern. Die von den Kontaktstellen mit dem Herbizid ausgehende Vergilbung weitet sich aus und geht später in eine Nekrose über. Wallis, Schweiz (G. Neury).

160. Vergilbungen und Nekrosen an Blättern, verursacht durch Paraquatspritzer (W. Gärtel).

161. Blattvergilbungen und Nekrosen als Folge von Simazinaufnahme durch Rebwurzeln. Baden, Bundesrepublik Deutschland (W. Gärtel).

162. Starke Vergilbung eines Rebblattes nach Aufnahme von Simazin durch die Rebwurzeln. Lecce, Italien (G. P. Martelli).

163. Vergilbung der Blattnerven als Folge einer Monuronaufnahme durch die Wurzeln. Das Diuron verursacht ähnliche Symptome. Diese Vergilbungen können zu Verwechslungen mit der Adernbänderung führen, die durch bestimmte Stämme des Fanleaf-Virus verursacht wird und mit der Adernvergilbung (yellow vein). Lecce, Italien (G. P. Martelli).

164. Vergilbung der Blätter, verursacht durch das kombinierte Herbizid Terbumeton + Terbuthylazin (Caragard) nach Aufnahme durch die Wurzeln. Wallis, Schweiz (G. Neury).

159. Damage caused by the herbicide paraquat (gramoxone) on grapevine leaves: chlorosis extending from the point of contact, followed by necrosis. Valais, Switzerland (G. Neury).

160. Yellowing and necroses of the leaf blades caused by a spray with the herbicide paraquat on Riesling (W. Gärtel).

161. Yellowing and necrosis of the leaves due to the absorption of simazine through the roots. Baden, West Germany (W. Gärtel).

162. Severe yellowing of a grapevine leaf due to absorption of simazine through the roots. Lecce, Italy (G. P. Martelli).

163. Yellowing of the veins caused by uptake of monuron by the roots of the grapevine. Diuron causes identical symptoms. This can bring confusion with veinbanding caused by some strains of fanleaf virus and with yellow vein. Lecce, Italy (G. P. Martelli).

164. Yellowing of the leaves caused by the mixture of herbicides terbuthylazine-terbumeton (caragard) taken up by the roots. Valais, Switzerland (G. Neury).

165. Symptômes produits sur les feuilles de Chasselas par la benzamide, produit de dégradation des herbicides dichlobénil et chlorthiamide: étroit liséré jaune bordant le limbe, et évoluant progressivement en nécrose. Leytron, Suisse (J. J. Brugger).

166-167. Dégâts produits par l'action systémique de l'herbicide glyphosate. Les feuilles touchées directement par le produit se dessèchent rapidement sans présenter ces symptômes. (W. Gärtel).

168. Déformation foliaire causée par un herbicide de type hormone (2,4-D), absorbé par le feuillage d'une plante de Chasselas. Changins/Nyon, Suisse (R. Bovey).

165. Symptome an Gutedelblättern, verursacht durch Benzamid, einem Abbauprodukt der Herbizide Dichlobenil und Chlorthiamid: gelbe Blattrandzone, die langsam in Nekrosen übergeht. Leytron, Wallis, Schweiz (J. J. Brugger).

166-167. Durch die systemische Wirkung des Herbizids Glyphosat an Riesling verursachte Schäden. Direkt durch das Herbizid getroffene Blätter vertrocknen, ohne vorher diese Symptome aufzuweisen. Bundesrepublik Deutschland (W. Gärtel).

168. Blattdeformation an Gutedel, verursacht durch ein Herbizid auf Wuchsstoffbasis (2,4-D). Changins/Nyon, Schweiz (R. Bovey).

165. Symptoms produced on the leaves of Chasselas by benzamid, a product of the breakdown of the herbicides dichlobenil and chlorthiamid: narrow yellow band around the leaf blades, progressively turning to necrosis. Leytron, Switzerland (J. J. Brugger).

166-167. Damage produced by the systemic action of the herbicide glyphosate (roundup). The leaves that are directly in contact with the product dry up rapidly without showing these symptoms (W. Gärtel).

168. Leaf deformation on Chasselas caused by an herbicide of the hormone type (2,4-D) taken up by the foliage. Changins/Nyon, Switzerland (R. Bovey).

169-170. Dégâts produits sur Merlot, au Tessin, par des traitements fongicides cupriques. Rougissement du feuillage, en juin (169), puis enroulement et nécrose partielle des feuilles, en août (170). Ces symptômes peuvent être confondus avec ceux de l'enroulement. Cugnasco, Suisse (R. Bovey, A. Bolay).

171-172. Taches chlorotiques produites sur les feuilles de vigne par le fongicide vinclozoline, en Allemagne fédérale (W. Gärtel).

173. Chlorose et rougissement du limbe dus aux piqûres de nutrition de l'acarien jaune commun, *Tetranychus urticae*, sur un cépage rouge. Changins / Nyon, Suisse (R. Bovey).

174. Rabougrissement des sarments et des feuilles de Riesling causé par une forte attaque de l'acarien jaune commun, *Tetranychus urticae*, en Allemagne fédérale (W. Gärtel).

169-170. Durch kupferhaltige Fungizide an Merlot verursachte Schäden (Tessin): Rotfärbung im Juni (Abb. 169), danach im August, Einrollen und teilweise Nekrotisierung der Blätter (Abb. 170). Diese Symptome können zu Verwechslungen mit der Blattrollkrankheit führen. Cugnasco, Schweiz (R. Bovey, A. Bolay).

171-172. Chlorotische Flecke an Rebblättern, verursacht durch ein Fungizid auf Vinclozolinbasis. Bundesrepublik Deutschland (W. Gärtel).

173. Vergilbung und Rotfärbung der Spreite, verursacht durch die Stiche der gemeinen Spinnmilbe *Tetranychus urticae*, an einer roten Sorte. Changins / Nyon, Schweiz (R. Bovey).

174. Kümmerwuchs von Trieben und Blättern an Riesling infolge starken Befalls durch die gemeine Spinnmilbe *Tetranychus urticae*. Bundesrepublik Deutschland (W. Gärtel).

169-170. Damage on Merlot caused by copper fungicide sprays. Reddening of the foliage, in June (169), and later rolling and partial necrosis of the leaves, in August (170). These symptoms can be confused with those of leafroll. Cugnasco, Tessin, Switzerland (R. Bovey, A. Bolay).

171-172. Chlorotic spots caused by the fungicide vinclozolin on the leaves of grapevine in West Germany (W. Gärtel).

173. Chlorosis and reddening of the leaf blade due to the feeding of the two-spotted mite, *Tetranychus urticae*, on a red cultivar. Changins / Nyon, Switzerland (R. Bovey).

174. Stunting of the shoots and leaves of Riesling due to a heavy feeding of the two-spotted mite, *Tetranychus urticae*, in West Germany (W. Gärtel).

175. Brunissement du limbe d'une feuille de Merlot, causé par l'acarien rouge *Panonychus ulmi*. Tessin, Suisse (P. Grandchamp).

176. Taches rouges produites sur une feuille de Merlot par l'acarien des charmilles, *Eotetranychus carpini*. Sur les cépages blancs, les taches sont jaunes, puis brunâtres. Dans les deux cas, elles sont localisées surtout le long des nervures principales. Cet acarien infeste la vigne dans le Sud de l'Europe. Tessin, Suisse (P. Grandchamp).

177. Limbe gaufré et taches chlorotiques résultant des piqûres de nutrition de l'acarien *Calepitrimerus vitis*, agent de l'acariose, sur Riesling. Mittelrhein, RFA (W. Gärtel).

178. Fort enroulement et gaufrure du limbe produits sur un rameau de Riesling par l'acarien *Calepitrimerus vitis*, agent de l'acariose. Les entre-nœuds sont courts et la croissance fortement réduite. Mittelrhein, RFA (W. Gärtel).

179. Boursouflures du limbe produites par *Eriophyes vitis*, agent de l'érinose (W. Gärtel).

180. Enroulement du limbe produit sur Chardonnay par *Eriophyes vitis*, agent de l'érinose, au Chili (W. Gärtel).

175. Bräunung eines Merlotblattes, verursacht durch die Obstbaumspinnmilbe *Panonychus ulmi*. Tessin, Schweiz (P. Grandchamp).

176. Rote Flecke auf einem Merlotblatt, hervorgerufen durch die Hainbuchenspinnmilbe *Eotetranychus carpini*. Auf weißen Rebsorten sind die Flecke zunächst gelb und schließlich braun. In beiden Fällen sind sie vor allem entlang der Hauptblattadern angeordnet. Diese Milbe befällt Reben in Südeuropa. Tessin, Schweiz (P. Grandchamp).

177. Durch Einstiche der Kräuselmilbe (*Calepitrimerus vitis*) gekräuseltes Rieslingblatt. Mittelrhein, Bundesrepublik Deutschland (W. Gärtel).

178. Starkes Einrollen und Kräuseln der Blätter eines Rieslingtriebs durch die Kräuselmilbe *Calepitrimerus vitis*. Die Internodien bleiben kurz, das Wachstum ist beeinträchtigt. Mittelrhein, Bundesrepublik Deutschland (W. Gärtel).

179. Durch die Rebblattgallmilbe *Eriophyes vitis* verursachte Pocken (W. Gärtel).

180. Einrollen der Blattspreite an Chardonnay (Chile), verursacht durch *Eriophyes vitis* (W. Gärtel).

175. Browning of a leaf of Merlot due to feeding of the red spider, *Panonychus ulmi*. Tessin, Switzerland (P. Grandchamp).

176. Red spots on the leaf blade of Merlot induced by feeding of the hornbeam mite, *Eotetranychus carpini*. On white cultivars, these spots are brownish instead of red. In both cases, they are localized mostly along the veins. This mite occurs on grapevine in Southern Europe. Tessin, Switzerland (P. Grandchamp).

177. Crinkled leaf blade with chlorotic spots induced by the feeding of the rust mite, *Calepitrimerus vitis*, on Riesling. Mittelrhein, West Germany (W. Gärtel).

178. Strong rolling and crinkling of the leaf blades induced by the feeding of the rust mite *Calepitrimerus vitis*. The internodes are short and growth is much reduced. Mittelrhein, West Germany (W. Gärtel).

179. Blisters on the leaf blade of a cultivar of *V. vinifera*, induced by the feeding of the grape erineum mite, *Eriophyes vitis* (W. Gärtel).

180. Rolling of the leaf blade of Chardonnay induced by the feeding of the grape erineum mite, *Eriophyes vitis*, in Chile (W. Gärtel).

181. Dégâts produits par la cicadelle flavescente, *Empoasca flavescens*, sur un cépage rouge. Les taches anguleuses rouges sont limitées par les nervures fines du limbe. Haute Adige, Italie (W. Gärtel).

182. Dégâts de la cicadelle flavescente, *Empoasca flavescens*, sur un cépage blanc. Les taches anguleuses sont vert clair ou jaunâtres. Haute Adige, Italie (W. Gärtel).

183. Dégâts causés par la cicadelle bubale, *Ceresa bubalus*, sur un cépage rouge: l'étranglement produit par les piqûres de l'insecte disposées en cercle sur le sarment provoque le rougissement et l'enroulement des feuilles situées au-dessus de ce point. Mendoza, Argentine (W. Gärtel).

184. Fort enroulement des feuilles d'un cep de Cabernet-Sauvignon, dont les racines ont été endommagées par la cochenille *Margarodes vitis*, au Chili. A droite, sarment sain (W. Gärtel).

185. Déformations et nécroses superficielles du limbe produites par une attaque de thrips sur Chardonnay au Chili (W. Gärtel).

186. Zones striées longitudinales sur les sarments, visibles au moment de la taille, et dues aux piqûres du thrips *Drepanothrips reuteri* (P. Grandchamp).

181. Blattschäden durch die Grüne Rebzikade *Empoasca flavescens* an einer roten Sorte. Die eckigen roten Flecke werden durch die feinen Nerven begrenzt. Süd-Tirol, Italien (W. Gärtel)

182. Blattschäden durch die Grüne Rebzikade *Empoasca flavescens* an einer weißen Sorte. Die eckigen Flecke sind hellgrün oder gelblich gefärbt. Süd-Tirol (W. Gärtel).

183. Schäden, verursacht durch die Büffelzirpe *Ceresa bubalus* an einer roten Rebsorte: oberhalb des Wulstes, der durch die Einstiche des Insekts verursacht worden ist, verfärben sich Sproß und Blätter rot; die Spreiten rollen sich nach unten ein. Mendoza, Argentinien (W. Gärtel).

184. Starkes Blattrollen an Cabernet-Sauvignon, dessen Wurzeln von *Margarodes vitis* befallen waren. Rechts, gesunder Trieb. Chile (W. Gärtel).

185. Deformationen und oberflächliche Nekrotisierung von Blattspreiten durch *Thrips sp.* an Chardonnay in Chile. (W. Gärtel).

186. Längsstreifen an Fruchtruten, verursacht durch Einstiche von *Drepanothrips reuteri*, wie sie beim Winterschnitt der Reben sichtbar werden (P. Grandchamp).

181. Damage due to the feeding of the green leafhopper, *Empoasca flavescens*, on a red cultivar of *V. vinifera*. The angular red spots are delimited by small veins. Alto Adige, Italy (W. Gärtel).

182. Damage due to the green leafhopper, *Empoasca flavescens*, on a white cultivar. The angular spots are pale green or yellowish. Alto Adige, Italy (W. Gärtel).

183. Damage due to the feeding of the buffalo tree hopper, *Ceresa bubalus*, on a red cultivar of *V. vinifera*. The girdling of the shoot due to the circular punctures of the insect results in the reddening and rolling of the leaves situated above this point. Mendoza, Argentina (W. Gärtel).

184. Severe rolling of the leaves of Cabernet-Sauvignon due to root damage by the coccid *Margarodes vitis*, in Chile. Right, healthy shoot (W. Gärtel).

185. Deformations and superficial necroses of the leaf blade caused by the feeding of thrips on Chardonnay. Chile (W. Gärtel).

186. Longitudinal striate zones on the shoots of a cultivar of *V. vinifera*, due to the feeding punctures of *Drepanothrips reuteri*. These symptoms are easily seen at the time of pruning. Lake Léman, Switzerland (P. Grandchamp).

181 182

184

183

185 186

Tableau
Tabelle
Table

Tableau I: Quelques propriétés caractéristiques des virus et des maladies à virus de la vigne.

Nom du virus et/ou de la maladie, en français et en anglais	Répartition géographique	Pathogénicité pour la vigne (1)	Importance économique (1)	Forme des particules (2)	Vecteur(s) (3)	Transmissibilité à des plantes herbacées	Possibilité de détection sérologique
1. VIRUS TRANSMIS PAR DES NÉMATODES (NÉPOVIRUS)							
Virus du court-noué de la vigne *Grapevine fanleaf virus* Court-noué, panachure	Monde entier	++++	++++	P	*Xiphinema index* *X. italiae*	+	+
Virus de la mosaïque de l'arabette *Arabis mosaic virus*	Allemagne fédérale, France, Suisse, Yougoslavie, Bulgarie, Hongrie, Japon	+++	++	P	*X. diversicaudatum (X. coxi, Longidorus caespiticola)*	+	+
Virus des anneaux noirs de la tomate *Tomato black ring virus*	Allemagne fédérale	+++	+	P	*Longidorus attenuatus*	+	+
Virus des taches annulaires du framboisier *Raspberry ringspot virus*	Allemagne fédérale	+++	+	P	*(L. macrosoma)*	+	+
Virus latent des taches annulaires du fraisier *Strawberry latent ringspot virus*	Allemagne fédérale	?	?	P	*(X. diversicaudatum, X. coxi)*	+	+
Virus des taches annulaires de la tomate *Tomato ringspot virus* Jaunissement des nervures, yellow vein	USA (Californie, New York), Canada (Ontario)	+++	++	P	*(X. americanum)*	+	+
Virus des taches annulaires du tabac *Tobacco ringspot virus*	Nord-est de l'Amérique du Nord	+++	++	P	*(X. americanum)*	+	+
Virus de la mosaïque à rosettes du pêcher *Peach rosette mosaic virus*	USA (Michigan), Canada (Ontario)	+++	+++	P	*X. americanum*	+	+

Virus	Distribution				Vecteur		
Virus de la mosaïque jaune chrome de la vigne *Grapevine chrome mosaic virus*	Hongrie	+++	+	P	Probablement nématodes	+	+
Virus latent italien de l'artichaut *Artichoke Italian latent virus*	Bulgarie	?	?	P	*(L. apulus)*	+	+
Virus latent bulgare de la vigne *Grapevine Bulgarian latent virus*	Bulgarie, Portugal, USA	+	+	P	Probablement nématodes	+	+
Maladie des énations de la vigne *Grapevine enation disease*	Italie, Allemagne fédérale, France, Espagne, Hongrie, Tchécoslovaquie, Bulgarie, Grèce, Turquie, URSS, USA (Californie), Venezuela, Australie, Nouvelle-Zélande, Afrique du Sud	++++	++		? (4)		
2. VIRUS TRANSMIS PAR DES CHAMPIGNONS DU SOL							
Virus de la nécrose du tabac *Tobacco necrosis virus*	Afrique du Sud	?	?	P	*(Olpidium brassicae)*	+	+
Virus du nanisme buissonneux de la tomate *Tomato bushy stunt virus*	Allemagne fédérale, Italie, Bulgarie, Tchécoslovaquie	?	?	P	*(O. brassicae ?)* (5)	+	+
3. VIRUS TRANSMIS PAR DES PUCERONS							
Virus de la mosaïque de la luzerne *Alfalfa mosaic virus*	Allemagne fédérale, Suisse, Tchécoslovaquie, Hongrie, Bulgarie	+	?	B	(Plusieurs espèces de pucerons)	+	+
Virus du flétrissement de la fève *Broad bean wilt virus*	Bulgarie	+	?	P	(Plusieurs espèces de pucerons)	+	+

163

Nom du virus et/ou de la maladie, en français et en anglais	Répartition géographique	Pathogénicité pour la vigne (1)	Importance économique (1)	Forme des particules (2)	Vecteur(s) (3)	Transmissibilité à des plantes herbacées	Possibilité de détection sérologique
4a) VIRUS SANS VECTEUR CONNU, MAIS DONT LES PARTICULES SONT CONNUES							
Virus du Joannes-Seyve *Joannes-Seyve virus*	Canada (Ontario)	+++	+++	P		+	+
Virus de la mosaïque de Bratislava *Bratislava mosaic virus*	Tchécoslovaquie	++	++	P		+	+
Virus de la mosaïque du chénopode *Sowbane mosaic virus*	Allemagne fédérale, Tchécoslovaquie	?	?	P		+	+
Virus de la mosaïque du tabac *Tobacco mosaic virus*	USA, Allemagne fédérale, Italie, Bulgarie, URSS, Yougoslavie	?	?	T		+	+
4b) VIRUS DONT LES PARTICULES ET LES VECTEURS NE SONT PAS CONNUS							
Enroulement de la vigne *Grapevine leafroll*	Monde entier	++++	++++	(6)			
Maladie de l'écorce liégeuse de la vigne *Grapevine corky bark*	USA, Mexique, Brésil, France, Espagne, Suisse, Italie, Yougoslavie, Bulgarie, Afrique du Sud, Japon	+++	+++				
Chlorose infectieuse et rougissement des feuilles du Pinot noir *Infectious chlorosis and leaf reddening of Pinot noir*	France	+++	+				

Maladie	Distribution		
Bois strié de la vigne *Grapevine stem pitting, stem grooving, legno riccio*	Probablement dans le monde entier	+++	+++
Plastomanie de la vigne *Grapevine flat trunk*	USA, Italie, Israël, Hongrie	+	+
Moucheture jaune de la vigne *Grapevine yellow speckle*	Australie, USA (Californie)	+++	++
Marbrure de la vigne *Grapevine fleck*	Monde entier	+	+
Mosaïque des nervures de la vigne *Grapevine vein mosaic*	Probablement dans le monde entier	+	+
Nécrose des nervures de la vigne *Grapevine vein necrosis*	Probablement dans le monde entier	++	+
Mosaïque étoilée de la vigne *Grapevine asteroid mosaic*	USA	+	+
Nécrose infectieuse de la vigne *Grapevine infectious necrosis*	Tchécoslovaquie, URSS	+++	+
Nécrose des sarments de la vigne *Grapevine shoot necrosis*	Italie	+++	++
Frisolée chlorotique de la vigne *Grapevine chlorotic leaf curl*	Chili, République argentine	+++	++

(1) +   faible
     ++   moyenne
     +++   forte
     ++++   très forte

(2) P   particules polyédriques
     B   particules bacilliformes
     T   particules tubulaires

(3) Les vecteurs dont les noms figurent entre parenthèses transmettent le virus à d'autres plantes, mais leur capacité de le transmettre à la vigne n'est pas prouvée.

(4) cf. p. 14

(5) cf. p. 15

(6) cf. p. 17

165

Tabelle I: Die wichtigsten Eigenschaften der Viren und der Viruskrankheiten der Rebe.

Deutsche und englische Bezeichnung des Virus und/oder der Viruskrankheit	Vorkommen	Pathogenität für die Rebe (1)	Wirtschaftliche Bedeutung (1)	Form der Viruspartikel (2)	Überträger (3)	Übertragbarkeit auf krautige Pflanzen	Möglichkeit serologischen Nachweises
1. DURCH BODENBEWOHNENDE NEMATODEN ÜBERTRAGBARE VIREN (NEPOVIREN)							
Virus der Reisigkrankheit der Rebe *Grapevine fanleaf virus* Reisigkrankheit, Infektiöse, Panaschüre, Adernbänderung	weltweit	++++	++++	P	*Xiphinema index* *X. italiae*	+	+
Arabismosaikvirus *Arabis mosaic virus*	Bundesrepublik Deutschland, Frankreich, Schweiz, Jugoslawien, Bulgarien, Ungarn, Japan	+++	++	P	*X. diversicaudatum* (*X. coxi, Longidorus caespiticola*)	+	+
Tomatenschwarzring-fleckenvirus *Tomato black ring virus*	Bundesrepublik Deutschland	+++	+	P	*Longidorus attenuatus*	+	+
Himbeerringfleckenvirus *Raspberry ringspot virus*	Bundesrepublik Deutschland	+++	+	P	(*L. macrosoma*)	+	+
Latentes Erdbeerringfleckenvirus *Strawberry latent ringspot virus*	Bundesrepublik Deutschland	?	?	P	(*X. diversicaudatum, X. coxi*)	+	+
Tomatenringfleckenvirus *Tomato ringspot virus, yellow vein*	USA (Kalifornien, New York), Kanada (Ontario)	+++	++	P	(*X. americanum*)	+	+
Tabakringfleckenvirus *Tobacco ringspot virus*	Nordosten Nordamerikas	+++	++	P	(*X. americanum*)	+	+
Rosettenmosaikvirus des Pfirsichs *Peach rosette mosaic virus*	USA (Michigan), Kanada (Ontario)	+++	+++	P	*X. americanum*	+	+

Virus	Verbreitung				Übertragung	Vektor		
Chrommosaikvirus der Rebe *Grapevine chrome mosaic virus*	Ungarn	+++	+		P	wahrscheinlich Nematoden	+	+
Italienisches latentes Artischockenvirus *Artichoke Italian latent virus*	Bulgarien	?	?		P	*(L. apulus)*	+	+
Bulgarisches latentes Rebenvirus *Grapevine Bulgarian latent virus*	Bulgarien, Portugal, USA	+	+		P	wahrscheinlich Nematoden	+	+
Enationenkrankheit der Rebe *Grapevine enation disease*	Bundesrepublik Deutschland, Italien, Frankreich, Spanien, Ungarn, Tschechoslowakei, Bulgarien, Griechenland, Türkei, UdSSR, USA, Venezuela, Südafrika, Neuseeland, Australien	++++	++			? (4)		

2. DURCH BODENBEWOHNENDE PILZE ÜBERTRAGBARE VIREN

Virus	Verbreitung				Übertragung	Vektor		
Tabaknekrosevirus *Tobacco necrosis virus*	Südafrika	?	?		P	*(Olpidium brassicae)*	+	+
Tomatenzwergbuschvirus *Tomato bushy stunt virus*	Bundesrepublik Deutschland, Italien, Bulgarien, Tschechoslowakei	?	?		P	*(O. brassicae ?)* (5)	+	+

3. DURCH BLATTLÄUSE ÜBERTRAGBARE VIREN

Virus	Verbreitung				Übertragung	Vektor		
Luzernemosaikvirus *Alfalfa mosaic virus*	Bundesrepublik Deutschland, Schweiz, Tschechoslowakei, Ungarn, Bulgarien	+	?		B	(mehrere Blattlausarten)	+	+
Saubohnenwelkevirus *Broad bean wilt virus*	Bulgarien	+	?		P	(mehrere Blattlausarten)	+	+

167

Deutsche und englische Bezeichnung des Virus und/oder der Viruskrankheit	Vorkommen	Pathogenität für die Rebe (1)	Wirtschaftliche Bedeutung (1)	Form der Viruspartikel (2)	Überträger (3)	Übertragbarkeit auf krautige Pflanzen	Möglichkeit serologischen Nachweises
4a) VIREN, DEREN ÜBERTRÄGER UNBEKANNT, DEREN PARTIKEL JEDOCH BEKANNT SIND							
Joannes-Seyve-Virus *Joannes-Seyve virus*	Kanada (Ontario)	+++	+++	P		+	+
Bratislava-Mosaikvirus *Bratislava mosaic virus*	Tschechoslowakei	++	++	P		+	+
Gänsefußmosaikvirus *Sowbane mosaic virus*	Bundesrepublik Deutschland, Tschechoslowakei	?	?	P		+	+
Tabakmosaikvirus *Tobacco mosaic virus*	USA, Bundesrepublik Deutschland, Italien, Bulgarien, Jugoslawien, UdSSR	?	?	T		+	+
4b) VIREN, DEREN ÜBERTRÄGER UND PARTIKEL UNBEKANNT SIND				(6)			
Blattrollkrankheit der Rebe *Grapevine leafroll*	weltweit	++++	++++				
Korkrindenkrankheit der Rebe *Grapevine corky bark*	USA, Mexico, Brasilien, Frankreich, Spanien, Schweiz, Italien, Jugoslawien, Bulgarien, Südafrika, Japan	+++	+++				

Krankheit	Verbreitung		
Infektiöse Chlorose und Rotfärbung der Spätburgunderblätter *Infectious chlorosis and leaf reddening of Pinot noir*	Frankreich	+++	+
Holzrunzeligkeit der Rebe *Grapevine stem pitting, stem grooving, legno riccio*	wahrscheinlich weltweit	+++	+++
Flachstämmigkeit der Rebe *Grapevine flat trunk*	USA, Italien, Israel, Ungarn	+	+
Gelbsprenkelung der Rebe *Grapevine yellow speckle*	Australien, USA (Kalifornien)	+++	++
Marmorierung der Rebe *Grapevine fleck*	weltweit	+	+
Adernmosaik der Rebe *Grapevine vein mosaic*	wahrscheinlich weltweit	+	+
Adernnekrose der Rebe *Grapevine vein necrosis*	wahrscheinlich weltweit	++	+
Sternmosaik der Rebe *Grapevine asteroid mosaic*	USA	+	+
Infektiöse Nekrose der Rebe *Grapevine infectious necrosis*	Tchechoslowakei, UdSSR	+++	+
Triebnekrose der Rebe *Grapevine shoot necrosis*	Italien	+++	++
Chlorotisches Blattkräuseln der Rebe *Grapevine chlorotic leaf curl*	Chile, Argentinien	+++	++

(1) +   schwach
    ++   mittel
    +++   stark
    ++++   sehr stark

(2) P   polyedrisch
    B   bazillenförmig
    T   tubulär (röhrenförmig)

(3) Der Name wurde in Klammern gesetzt, wenn die Übertragung des Virus zwar auf verschiedene Wirtspflanzen, nicht aber auf Reben nachgewiesen worden ist.

(4) siehe S. 32

(5) siehe S. 33

(6) siehe S. 34

Table I: Viruses and virus diseases of grapevines. Some properties and characteristics.

Virus and/or virus disease	Geographic distribution	Pathogenicity on grapevine (1)	Economic loss (1)	Particle type (2)	Vector to grapevine (to other hosts) (3)	Mechanical transmission to herbaceous hosts	Possibility of serological detection
1. SOIL-BORNE VIRUSES (NEPOVIRUSES)							
Grapevine fanleaf virus Fanleaf, yellow mosaic, veinbanding	World-wide	++++	++++	P	*Xiphinema index* X. *italiae*	+	+
Arabis mosaic virus	West Germany, France, Switzerland, Yugoslavia, Bulgaria, Hungary, Japan	+++	++	P	*X. diversicaudatum* (*X. coxi, Longidorus caespiticola*)	+	+
Tomato black ring virus	West Germany	+++	+	P.	*Longidorus attenuatus*	+	+
Raspberry ringspot virus	West Germany	+++	+	P	(*L. macrosoma*)	+	+
Strawberry latent ringspot virus	West Germany	?	?	P	(*X. diversicaudatum,* X. *coxi*)	+	+
Tomato ringspot virus Yellow vein (California) Virus-induced grapevine decline disease (New York, Ontario)	USA (California, New York), Canada (Ontario)	+++	++	P	(*X. americanum*)	+	+
Tobacco ringspot virus Virus-induced grapevine decline disease (New York, Ontario)	Northeastern North America	+++	++	P	(*X. americanum*)	+	+
Peach rosette mosaic virus Grapevine degeneration disease	USA (Michigan), Canada (Ontario)	+++	+++	P	X. *americanum*	+	+

Grapevine chrome mosaic virus	Hungary	+++	+	P	probably nematodes	+	+
Artichoke Italian latent virus	Bulgaria	?	?	P	(*L. apulus*)	+	+
Grapevine Bulgarian latent virus	Bulgaria, Portugal, USA	+	+	P	probably nematodes	+	+
Grapevine enation disease	Italy, West Germany, France, Spain, Hungary, Czechoslovakia, Bulgaria, Greece, Turkey, USSR, USA (California), Venezuela, South Africa, New Zealand, Australia	++++	++		? (4)		

2. VIRUSES TRANSMITTED BY SOIL FUNGI

Tobacco necrosis virus	South Africa	?	?	P	(*Olpidium brassicae*)	+	+
Tomato bushy stunt virus	West Germany, Italy, Bulgaria, Czechoslovakia	?	?	P	(*O. brassicae ?*) (5)	+	+

3. VIRUSES TRANSMITTED BY APHIDS

Alfalfa mosaic virus	West Germany, Switzerland, Czechoslovakia, Hungary, Bulgaria	+	?	B	(several aphid species)	+	
Broad bean wilt virus	Bulgaria	+	?	P	(several aphid species)		+

171

Virus and/or virus disease	Geographic distribution	Pathogenicity on grapevine (1)	Economic loss (1)	Particle type (2)	Vector to grapevine (to other hosts) (3)	Mechanical transmission to herbaceous hosts	Possibility of serological detection
4a) VIRUSES WITHOUT KNOWN VECTOR, BUT WHOSE PARTICLES ARE KNOWN							
Joannes-Seyve virus Joannes-Seyve disease	Canada (Ontario)	+++	+++	P		+	+
Bratislava mosaic virus Bratislava mosaic	Czechoslovakia	++	++	P		+	+
Sowbane mosaic virus	West Germany, Czechoslovakia	?	?	P		+	+
Tobacco mosaic virus	USA, West Germany, Italy, Bulgaria, Yugoslavia, USSR	?	?	T		+	+
4b) VIRUSES WITHOUT KNOWN VECTOR, PARTICLES NOT KNOWN							
Grapevine leafroll	World-wide	++++	++++	(6)			
Grapevine corky bark	USA, Mexico, Brazil, France, Spain, Switzerland, Italy, Yugoslavia, Bulgaria, South Africa, Japan	+++	+++				
Infectious chlorosis and leaf reddening of Pinot noir	France	+++	+				
Grapevine stem pitting, stem grooving, legno riccio	Probably world-wide	+++	+++				

Disease	Distribution		
Grapevine flat trunk	USA, Italy, Israel, Hungary	+	+
Grapevine yellow speckle	Australia, USA (California)	+++	++
Grapevine fleck	World-wide	+	+
Grapevine vein mosaic	Probably world-wide	+	+
Grapevine vein necrosis	Probably world-wide	++	+
Grapevine asteroid mosaic	USA	+	+
Grapevine infectious necrosis	Czechoslovakia, USSR	+++	+
Grapevine shoot necrosis	Italy	+++	++
Grapevine chlorotic leaf curl	Chile, Argentine	+++	++

(1) +   low
    ++   medium
    +++   high
    ++++   very high

(2) P   Polyhedral
    B   Bacilliform
    T   Tubular

(3) The vectors whose names are in brackets transmit the virus to other hosts, but their ability to transmit it to grapevine has not been proven.

(4) see p. 50

(5) see p. 50

(6) see p. 52

Imprimé en Suisse

Index alphabétique

Les chiffres en italique renvoient aux numéros des pages des planches en couleurs et des légendes.

Sachregister

Zahlen in Kursivschrift beziehen sich auf die Seiten der Abbildungen und Legenden.

Index

Numbers in italics refer to pages of colour plates and legends.

M

Magnesium deficiency 60, *144, 145*
Manganese deficiency 60, *144, 145*
Margarodes vitis 158, 159
Millerandage 47, 60, *80, 81*
Monuron 60, *150, 151*
Mycoplasma-like microorganisms 57

N

Nepoviruses 46-50, 59, *64-88*

O

Olpidium brassicae 50

P

Panonychus ulmi 156-157
Paraquat *150, 151*
Peach rosette mosaic virus 49
Phellinus igniarius 61, *140, 141*
Philaenus spumarius 59
Phomopsis viticola 140, 141
Phymatotrichum omnivorum 61, *140, 141*
Physiological dropping off 60
Pierce's disease 59, 61, *134-137*
Potassium deficiency 52, 60, *144, 145*
Primary symptoms of fanleaf 47, *68, 69*
Pseudopeziza tracheiphila 61

R

Raspberry ringspot virus 48, *80, 81*
Red spider *156, 157*
Rickettsia-like microorganisms 57
Rust mite *156, 157*

S

Scaphoideus littoralis 57
Short internodes 47, 48, 49, 50, 51, 59, *68, 69, 116, 117, 126, 127, 130, 131, 140, 141, 156, 157*

Shot berries 47, 60, *80, 81*

Shot berries 47, 60, *80, 81*
Simazine *150, 151*
Sowbane mosaic virus 51
Stereum hirsutum 61, *140, 141*
Strawberry latent ringspot virus 48, *80, 81*

T

Terbuthylazine-terbumeton *150, 151*
Tetranychus urticae 154, 155
Thrips 59, *158, 159*
Tobacco mosaic virus 51
Tobacco necrosis virus 50
Tobacco ringspot virus 49
Tomato black ring virus 48, 49, *80, 81*
Tomato bushy stunt virus 50
Tomato ringspot virus 48, 60, 61, *80-85*
Trabeculae 47, *68, 69*
Two-spotted mite *154, 155*

V

Veinbanding 47, 60, 61, *74-77*
Vinclozolin *154, 155*

W

Wounds of the trunk or shoots 61

X

Xiphinema americanum 49
Xiphinema coxi 48
Xiphinema diversicaudatum 48
Xiphinema index 47, 48
Xiphinema italiae 47

Y

Yellow mosaic 47, 60, 61, *70, 71*

Z

Zinc deficiency 59, 60, *146, 147*

Principales références sur les virus et les maladies à virus de la vigne.

Verzeichnis des wichtigsten Schrifttums über Viren und Viruskrankheiten der Rebe.

List of the Most Important References on Viruses and Virus Diseases of Grapevine.

Livres · Bücher · Books

BALDACCI, E., BELLI, G., REFATTI, E., 1967: *Virosi e selezione della vite.* Ed. Agricole, Bologna, 61 pp., 17 fig., 10 planches couleur.

BRÜCKBAUER, H., RÜDEL, M., 1971: *Die Viruskrankheiten der Rebe.* Verlag Eugen Ulmer, Stuttgart, 119 S., 118 Abb., 6 Farbtafeln.

FRAZIER, N. W., FULTON, J. P., THRESH, J. M., CONVERSE, R. H., VARNEY, E. H., HEWITT, W. B., 1970: *Virus diseases of small fruits and grapevine (A handbook)*, University of California, Division of Agricultural Sciences, Berkeley, California, USA, 290 pp. (*Section 5 : Virus and viruslike diseases of the grapevine,* p. 195-271, 42 fig.).

GALET, P., 1977: *Les maladies et les parasites de la vigne. Tome I : Les maladies dues à des végétaux (champignons, bactéries, viroses et phanérogames),* 871 pp., 135 fig. noir-blanc et 13 planches couleur.

Réunions ICVG · ICVG Konferenzen · ICVG meetings

Bericht über die erste Tagung der Internationalen Arbeitsgruppe zum Studium der Viren und Viruskrankheiten der Rebe in Changins / Nyon (Schweiz), 17.-20. August 1964. Weinberg und Keller, 11, 557-568, 1964.

Proceedings. International conference on virus and vector on perennial hosts, with special reference to Vitis, held in conjunction with a meeting of The International Council for the Study of Viruses and Virus Diseases of the Grapevine. Davis, California, USA, September 6-10, 1965. University of California, Division of Agricultural Sciences, Davis, 416 pp., 1966.

Bericht über die 3. Tagung der Internationalen Arbeitsgruppe zum Studium der Viren und Viruskrankheiten der Rebe [International Council for the Study of Viruses and Virus Diseases of the Grapevine (I.C.V.G.)] in Bernkastel-Kues / Mosel. Weinberg und Keller, 15, 495-551, 1968.

IVᵉ Conférence du groupe international d'étude des virus et des maladies à virus de la vigne. Compte rendu du colloque scientifique. Colmar, 16-18 juin 1970. Ann. Phytopathol., N° hors série, 209 pp., 1972.

Proceedings of the 5th Meeting, International Council for the Study of Viruses and Virus Diseases of the Grapevine. Salice Terme, 17-19 September 1973. Riv. Pat. Veg. 9, ser. IV, Suppl., 1-193 and fasc. 3, 217-303, 1973.

Proceedings of the 6th conference on viruses and virus diseases of the grapevine (International Council for the Study of Viruses and Virus Diseases of the Grapevine), Cordoba-Madrid, 13-21 September 1976. Monografias I.N.I.A. N° 18, Madrid, 374 pp., 1978.

Bibliographie ICVG · ICVG-Bibliographie · ICVG Bibliography

CAUDWELL, A., 1965: *Bibliographie des viroses de la vigne, des origines à 1965.* Publ. O.I.V., Paris, 76 pp. (1019 références).

CAUDWELL, A., HEWITT, W. B., BOVEY, R., 1972: *Les viroses de la vigne. Bibliographie de 1965-1970.* Vitis, 11, 303-324. (Références 1020-1386).

HEWITT, W. B., BOVEY, R., 1979: *The viroses and virus-like diseases of the grapevine. A bibliographic report, 1971-1978.* Vitis, 18, 316-376. (References 1387-2163).

Table des matières – Inhalt – Contents

Dépôt légal: 3e trimestre 1980